天津体育学院“十二五”规划教材

TianJin TiYu XueYuan “Shi Er Wu” GuiHua JiaoCai

竞技参赛理论解析及案例分析

谢　云◎主编

人民体育出版社

图书在版编目（CIP）数据

竞技参赛理论解析及案例分析 / 谢云主编. -- 北京 : 人民体育出版社, 2021

ISBN 978-7-5009-5940-3

Ⅰ. ①竞… Ⅱ. ①谢… Ⅲ. ①运动竞赛－研究 Ⅳ. ①G808. 2

中国版本图书馆 CIP 数据核字（2021）第 014954 号

*

人民体育出版社出版发行
北京中献拓方科技发展有限公司印刷
新华书店经销

*

710×1000　16 开本　10. 5 印张　186 千字
2021 年 3 月第 1 版　2021 年 3 月第 1 次印刷

*

ISBN 978-7-5009-5940-3
定价： 50. 00 元

社址： 北京市东城区体育馆路 8 号（天坛公园东门）
电话： 67151482（ 发行部 ）　邮编： 100061
传真： 67151483　邮购： 67118491
网址： www. sportspublish. cn
（ 购买本社图书， 如遇有缺损页可与邮购部联系 ）

序 PREFACE

田麦久

竞技运动比赛是当代社会文化生活构成的重要元素，深受民众喜爱。运动竞赛的参加者，通常都希望能够获得一个满意的比赛结果，因此也就有了关于如何参加比赛，如何在比赛中争胜求优的思考与认知。运动员在多次的参赛中，会逐渐积累参赛的经验与技巧；报纸、电视、网络等多种社会媒体会大量地以视频、图片及文字的形式对比赛过程进行生动描述；体育记者会对运动员的参赛表现进行各种评论；运动训练学者们也越来越多地把研究的目光投向了竞技赛场。但是，在现代竞技运动100多年的历史中，却迟迟没有见到有关运动员参赛问题的专门论著。

竞技参赛理论的聚篇成册首见于2008年，北京体育大学推出了第一本论述竞技参赛问题的学术专著《竞技参赛理论文集》；此后中国高等体育院校通用教材《竞技参赛学》也于2011年问世（田麦久，人民体育出版社）。作为竞技体育理论体系中的一门新学科，竞技参赛学亦逐渐被越来越多的中国高等体育院校列入了教学大纲。

天津体育学院把竞技参赛学定为研究生和本科生的核心课程，积极地开展竞技参赛理论的教学。但如何教好这门新学科的系统知识，对于任课教师来说，却是一个全新的课题。明确的理论阐述当然重要，而结合比赛实例进行教学无疑会取得更好的效果。天津体育学院运动训练科学学院的谢云博士及其教学团队注意到要将理论教学与参赛案例解析相结合，并从国内外浩如烟海的赛事中选择出具有代表性的80多个实战案例，密切围绕参赛理论进行专业的解析，是一项很有意义的工作。

这本书依《竞技参赛学》章节的分置，对应地为各章分别选择了6~15个实战案例。案例涉及的运动项目非常广泛，既有乒乓球、羽毛球、跳水、射击、举重、体操等我国优势项目，也有足球、篮球、田径、游泳等国际上广泛开展的竞技项目；论及的参赛选手既有奥运冠军，也有群众性马拉松运动爱好者；既有国内知名运动员，也有享誉五洲的国际竞技高手；既有健全人的比赛，也有残疾人的赛事。这些内容丰富的实战案例生动地重现了多姿多彩的赛事过程，作者对众多案例一一进行了深入评析，帮助学生迅速地进入大赛场景，更好地理解参赛理论的科学论述。

《竞技参赛理论解析及案例分析》是对通用教材《竞技参赛学》的有益补充。通过这篇短序，我向这本书的作者表示祝贺，期待谢云博士和他的教学研究团队不断取得优秀的教学成果和研究成果。

前 言 FOREWORD

运动训练和运动竞赛是竞技体育活动链条中的两个重要环节，运动竞赛的质量和水平以及是否成功举办，取决于两个因素：赛事的组织与管理以及运动员的赛场表现。长期以来，竞技参赛理论研究只是局部和分散的，在涵盖所有运动项目的一般训练理论层面，竞技参赛理论还远远没有形成一个较为完整的理论体系。

21 世纪伊始，2002 年田麦久先生提出并构思竞技参赛理论体系，2008 年推出了第一本系统论述竞技参赛问题的学术专著《竞技参赛理论文集》；在此基础上，2008 年起开始着手设计并组织编写《竞技参赛学》，2011 年《竞技参赛学》出版发行，并被列为高等体育院校通用教材。竞技参赛学理论的提出与创建，实现了运动训练和竞技参赛不同研究领域的分解和有机融合，使我们能够用更加开阔的视野去研究和分析竞技体育，从而对两个环节的特征和联系有了更为准确的认知。

2014 年天津体育学院首次将竞技参赛学纳入研究生的专业选修课程，2017 年将竞技参赛学作为本科生的专业选修课程，纳入普通高校体育专业人才培养计划之中，从而形成较为前沿的课程设置内容，符合学校教学改革的需要。通过系统学习，学生对竞技参赛这一新的前沿研究和基本理论知识有了较为全面的掌握；同时，我们还在课程教学方式上做了许多改革和尝试。例如，将该课程与运动训练学、运动竞赛学等课程组合设置竞技体育学课程体系；将该课程以慕课、微课的形式进行教学，满足了本科和研究生教学内容和方法改革的需要，教学效果良好，学生学习主动性和积极性明显提高等。

在上述基础上，我们组织编写了这本《竞技参赛理论解析及案例分析》，在对竞技参赛理论进行剖析的同时佐以大量的案例，以提高学生的学习兴趣，帮助学生更加系统深入地理解和掌握竞技参赛理论知识体系。本教材根据竞技参赛理论体系的“赛前准备”“参赛行为”以及“赛后认知与调训”3个板块，共分为九章。

本书属于天津体育学院“十二五”规划教材，由谢云担任主编，编写组成员傅涛（天津体育学院）。天津体育学院在读硕士研究生丁园、王兰兰、鲍宇3位同学也参与了本教材部分案例的收集和整理工作。

各章的撰稿人如下：

第一章	竞技参赛准备理论解析及案例分析	谢云
第二章	赛前训练的组织与实施理论解析及案例分析	谢云
第三章	竞技参赛控制理论解析及案例分析	谢云
第四章	教练员的临场指导理论解析及案例分析	谢云
第五章	运动员参赛过程中的自我控制理论解析及案例分析	谢云
第六章	运动员参赛过程中的心理干预理论解析及案例分析	谢云
第七章	参赛总结与评价理论解析及案例分析	谢云
第八章	赛后恢复与训练理论解析及案例分析	谢云
第九章	竞技参赛过程中的医务监督理论解析及案例分析	傅涛

本书选取了大量国内外优秀运动员的参赛案例，通过对这些案例的解析，能帮助学生更加透彻理解和掌握竞技参赛的理论知识。在此由衷感谢本文中引用案例作者前期的辛勤付出。

《竞技参赛理论解析及案例分析》的出版旨在丰富竞技参赛学理论体系，但限于作者水平，不知能否达成此愿。对书中不妥之处，敬请读者批评指正。

编　者

2020年9月18日

目 录

CONTENTS

CHAPTER 1 第一章

竞技参赛准备理论解析及案例分析

竞技参赛准备是实现由训练向比赛顺利过渡的阶段。科学、合理的竞技参赛准备有利于将平时训练中所获得的技战术更好地在比赛阶段发挥出来，使运动员拥有更好的竞技状态，从而在最终比赛中获得理想的参赛成绩。

竞技信息与参赛风险的管理包括竞技信息的募集以及对参赛风险的识别与评估两个方面。竞技信息的募集内容包括运动员本身、竞争对手及比赛环境，即“知己、知彼、知环境”。参赛风险的识别主要是对未来比赛中运动员可能面临或潜在的参赛风险加以分析、判断和分类；而对参赛风险的评估由于是对未发生的比赛进行的一种预测而难度更大，通常包括风险发生的可能性以及发生的严重性两个方面。

竞技参赛方案是运动员在比赛过程中可能采用的行动计划，其内容主要包括参赛指导思想、程序化参赛过程、比赛中可能出现的问题以及对于可能出现问题的应对策略与方法等。竞技体育比赛是一项规模庞大的系统工程，运动员之间的竞争在比赛前就已经开始，参赛方案的优劣对比赛结果的影响是巨大的。因此，一份详细周密且能应对场上诸多变化因素的竞技参赛方案至关重要。

案例 1-1

羽毛球第一人伟大成就的背后——认真做好每一次竞技参赛准备

迄今为止，林丹是世界羽毛球历史上唯一一位超级全满贯选手：历史上首位包揽奥运会（2008 年、2012 年），世锦赛（2006 年、2007 年、2009 年、2011 年、2013 年），全英赛（2004 年、2006 年、2007 年、2009 年、2012 年），世界杯（2005 年、2006 年），汤姆斯杯（2004 年、2006 年、2008 年、2010 年、2012 年），苏迪曼杯（2005 年、2007 年、2009 年、2011 年），亚运会（2010 年），亚锦赛（2010 年、2011 年），世界羽联总决赛（2011 年）全部男子单打冠军和世界团体大赛冠军的运动员；当今世界羽坛唯一的双圈大满贯获得者；并获得多个巡回赛、公开赛的男单冠军。在世界羽坛上可谓前无古人，难有来者。

2019 年 8 月 19 日，36 岁的羽坛老将林丹再一次征战羽毛球世锦赛，虽然之前已在此项赛事上勇夺 5 次冠军，但是林丹依然跟随国羽大部队提前两天抵达比赛场地进行最后的备战。第 13 次参加世锦赛的林丹赛前训练也是格外认真。对于力争第 5 次参加奥运会的林丹来说，本届世锦赛成绩显得格外重要。因为如今世界羽联推行的积分赛制，要想参加 2020 年东京奥运会必须在奥运会的积分排名为世界前十六，为了加强羽毛球项目的推广，世界羽联规定一个国家一个单项只能拥有两个名额，与林丹一同竞争奥运会名额的还有比他年轻、正值当打之年的谌龙以及石宇奇等国羽的一众小将。

随着年龄的增长，林丹的竞技能力已经在一步步地下降，放眼 2019 赛季，林丹经历了 9 次一轮游，4 次二轮游，这对一个曾经在这个项目创造全年 90% 多胜率的运动员而言，心理上的冲击是巨大的。但是，为了羽毛球运动的推广，为了心中那份对羽毛球运动的热爱，林丹依然坚定地站上这片赛场。

世锦赛第一天，林丹将迎战越南老将阮天明。训练前的折返跑热身训练，体现着林丹的一丝不苟。进入比赛场地的适应性训练，林丹加强了杀球练习，为接下来的比赛做足了赛前准备活动。最终不负众望，顺利晋级下一轮。

【案例分析】

林丹是当今现役成就最高的羽毛球选手，唯一一个两次获得奥运会男子单打冠军的运动员。从他的成长过程中我们不难看出，林丹不仅在这项运动上有着出色的天赋，而且在训练的时候异常努力，对自己始终严格要求，哪怕如今 37 岁的“高龄”，他凭借着对这项运动最真挚的热爱，依然坚持高强度训练，并且在赛前准备工作上也是做足了功夫。因为羽毛球运动属于技能主导类隔网对抗性项目，所以要想在比赛中取得胜利，首先要让自己尽可能适应对方的战术打法，其次是要让对方尽可能不适应自己的打法，以己之长，攻彼之短。林丹无论是与教练一起讨论对手的技战术打法，还是观看对手的比赛录像、研究对方的优势与短板都格外的认真。无论对手是与自己竞争多年的李宗伟、陶菲克还是名不见经传的小将，他都做足准备，在上场前的热身赛也认真去对待，最终的结果便是，在当打之年保持 90%多的胜率并获得诸多冠军。

案例 1–2

充分的赛前准备助张继科顺利重返赛场①

赢了！张继科重返赛场实力依旧，侯英超直呼对手发挥超出自己准备。

张继科回来了！张继科与最年长全国冠军侯英超的攻削大战如期举行，这是张继科继 2018 年 8 月亚欧全明星赛之后首次出现在赛场上，虽然不是一场正式比赛，但能看到张继科重回赛场，球迷们还是很兴奋。经过三节的比拼，张继科以 35∶27 战胜侯英超，取得这场比赛的胜利。在比赛中，张继科依旧是那个充满自信的大满贯得主，侯英超也直言没想到张继科发挥得这么好，超出自己的准备，自己的心态发生变化。

这场比赛采用全新赛制，不是传统比赛的七局四胜，每局 11 分，而是将整场比赛分为三节，每节 10 分钟，三节比赛得分相加，率先得到 35 分的一方获胜。张继科对待这场比赛很认真，不仅增加训练强度，每天都进行训练；还提前到比赛场地进行适应性训练。身穿长袖长裤、一身黑的张继科认真进行训练，仿佛又看到了赛场上的翩翩少年。张继科也展现了超强的柔韧性，一字马、压腿都轻松完成，为比赛做足准备。赛前，侯英超直言自己的优势在于张继科已经一年多没有参加高强度比赛，刚开始的时候可能会不太适应，自己要抓住这个机会，

① 叮咚体坛．赢了！张继科重返赛场实力依旧，侯英超直呼对手发挥超出自己准备［EB/OL］.（2020-04-18）［2020-09-09］. https://new. qq. com/omn/20200418/20200418AOPXCGOO. html.

而张继科则直言侯英超已经39岁了，精力体力都不如自己。

晚上七点半，这场“攻削大战”拉开大幕。张继科身穿桃红色上衣、黑色短裤，侯英超则身穿一身黑色运动服出场。张继科与侯英超从来没有在国际比赛中交过手，经过热身之后比赛正式开始。首节比赛，张继科率先发球，随着张继科正手回球下网，侯英超拿到全场比赛第一分，随后再得一分，以2∶0开局，随后张继科连得4分，以4∶2反超。经过几个球的相互试探之后，双方都加快进攻节奏，侯英超更是充分发挥出自己削中带攻的特点，不过双方失误也较多。最后一球，张继科展现了自己大满贯的风采，以14∶11领先结束第一节。

虽然是一场表演赛，裁判依旧按照国际比赛标准执裁，侯英超在第一局7平时，因为发球时肩部遮挡，被警告一次。首节比赛之后，侯英超显得比较累，他直言：“有点累有点喘，这样的赛制对体能是考验，消耗很大。张继科的状态很不错，有的球，我发挥得很好，他发挥得比我还好，第二节我要加强进攻，要用我的变化，打乱他的节奏。”张继科同样是大汗淋漓，不过他笑着表示：“第一节比赛发挥比较流畅，没有出现大的战术失误，但是觉得手上的运动感知觉能力稍微弱一点，因此在下一节的比赛中，多增加一些变化。”

第二节比赛，仍然是张继科率先发球，正手回球失误，送给侯英超一分。当张继科连续得分，以18∶14领先的时候，球迷使用权益，张继科“被迫”进行了一次暂停，不过他表示这并不是一个暂停的好时机。好在这个暂停没有打断张继科的得分势头，张继科连得两分以20∶14继续领先。随后，侯英超在18∶23落后的时候，主动为自己叫了一个暂停，不过第二节结束时，张继科还是以24∶19领先。侯英超在第二节结束后，还是强调体能消耗太大，导致自己动作变形，虽然自己有些变化，但正手命中率不高，也没想到张继科这么长时间没有打高强度比赛，防守能力还是很强。

在第三节比赛开始之前，张继科换了一件蓝绿色上衣，侯英超也换了一件红色的比赛服，足见比赛消耗之大。第三节比赛，侯英超率先发球得分，将比分追到20∶24。由于此前裁判对新规则理解有误，张继科也得到一次主动叫暂停的机会，当侯英超将比分追到23∶26时，张继科请求暂停。暂停之后，张继科再次将比分扩大成30∶24，并以34∶27拿到赛点。张继科把握住第一个赛点的机会，以35∶27取得本次比赛的胜利。

【案例分析】

张继科以往所获得的成绩大家有目共睹，是乒坛历史上第 7 位大满贯选手，也是继刘国梁、孔令辉后的中国男乒史上第 3 位大满贯选手。但是随着年龄的增长、体能的下降及伤病的积累，导致张继科的竞技状态已经开始下滑。此次比赛是张继科自 2018 年 8 月后首次出现在球迷的视线中，虽然并不是一场正规的比赛，但是这场比赛的竞赛规则也是两人共同商议并最终确定的。因为这场比赛，张继科在赛前也是做足了准备，增加训练强度，提前到比赛场地进行适应性训练，并且他深知自己较于对手的优势在于比他年轻。张继科在赛前对对手合理的分析以及充分的热身准备也为其最终取得比赛的胜利奠定了基础。

案例 1-3

陈雨菲——赛前准备不充分导致与金牌失之交臂

自 2016 年里约奥运会羽毛球女单冠军被西班牙选手马琳夺得之后，中国球员连续 4 届垄断女子单打冠军的局面被打破，女子单打也正式进入百花齐放的时代，中国一家独大的辉煌已成为往事。取而代之的是中国女单在努力追赶世界水平。陈雨菲作为东京奥运周期女子单打的新生力量，表现出比同期其他队员更出色的天赋。从 2017 年偶尔的亮眼表现，到 2019 年一共获得包括苏迪曼杯在内的 8 个赛事冠军，并登顶世界第一，一时间让人们认为国羽女单又有了足以扛鼎的接班人。

2020 年 3 月 11—15 日全英公开赛如期举行，作为历史最久远的一项赛事，吸引着来自世界各国的选手，他们一方面希望在这项久负盛名的赛事上获得好成绩，另一方面希望把这次比赛作为东京奥运会的练兵。此次赛事，女子单打世界排名前十的选手尽数会集，也增加了这场比赛的看点，有 2016 年里约奥运冠军西班牙选手马琳，2017 年世锦赛冠军奥原希望，2019 年世锦赛冠军印度选手辛杜以及公认的世界“球后”戴资颖。赛前无论是观众还是媒体都对陈雨菲寄予厚望，事实证明，陈雨菲也确实不负众望，一路过关斩将，并在半决赛中直落两局轻松击败奥原希望成功晋级决赛，而反观另一位晋级决赛的选手戴资颖，历时 3 局才将马琳淘汰。对比两位选手，陈雨菲比戴资颖多出 5 个小时休息时间，并且去年陈雨菲便是在同一个场馆击败戴资颖成功卫冕。无论是从体能还是心理上，陈雨菲都占尽了优势。

然而比赛开始后，场面并没有像人们预想的那样，胜利的天平向陈雨菲倾斜，反而是有来有回，原本 6∶2 的开局到第一局比赛结束，却是戴资颖 21∶19 先下一城，而场间教练对陈雨菲进行指导的时候，多次提到对手会失误。因为戴资颖的打法问题，属于主动失误较多的球员，但是到比赛结束也没有因为戴资颖的失误过多导致比赛局面发生变化，最终戴资颖直落 2 局轻松击败陈雨菲夺冠。

【案例分析】

运动员的竞技能力由体能、技能、战术能力、心理能力以及运动员知识能力等构成，并且最终体现在比赛中，由于羽毛球属于技能主导类隔网对抗性项目，对于排名世界第一与第二的陈雨菲和戴资颖而言，她们的技术自然不存在足以影响战局胜负的差异，而体能以及心理都占优的陈雨菲最后会输，应当归结于战术准备不足，赛前准备不足导致无法解决比赛时遇到的诸多状况。完整的竞技参赛准备工作应当包括信息准备、心理准备、体能准备、技术准备、战术准备和物品准备等内容。因此可以认为，陈雨菲拥有相当的优势却没有拿下比赛的胜利应当是赛前教练以及运动员本人对于对手的战术了解不到位，以至于制定的战术不足以面对竞技场上迅速变化的局面，最终导致与冠军失之交臂，屈居亚军。

案例 1-4

短道速滑队的制胜之本——重视参赛信息的收集①

随着夏季结束，短道速滑项目也将进入比赛季。中国短道速滑队也早早赶到上海备战，至 2013 年 9 月 15 日，队伍在上海的训练备战正好一周时间。目前距离比赛还剩下十几天的时间，而中国队此番世界杯赛事的主要目的是检验训练成果了解竞争对手。

① 中国体育报．短道速滑队积极备战 检验训练成果全面了解对手［EB/OL］．（2013-09-17）［2020-09-09］．https：//www.chinanews.com/ty/2013/09-17/5296214.shtml.

甘露潜心备战

冬奥会年，短道速滑队早早启动，在世锦赛结束后不久就开始集中训练，后在云南进行了高原集训，在北京调整后又奔赴加拿大甘露市，进行了五周冰上训练。返回北京一周后，便又奔赴上海，开始了新赛季的备战。

据了解，队伍之所以早早赴沪，一方面是缓解与花样滑冰队共用一块冰场的紧张，另一方面是由于上海的训练场地较好，有移动式保护垫。

据国家体育总局冬运中心短道速滑部部长于海燕介绍，短道速滑队在加拿大甘露训练期间，表现不错。队伍按照主教练李琰的计划，在加拿大主要进行了冰上技术训练、增加训练量。于海燕表示，队伍训练情况与训练质量都不错，呈现出积极主动的训练态度以及良好的团队氛围。

不过，目前只是各自队伍的训练，队员的情况究竟如何，还需要拿到赛场上去检验。上海与韩国首尔站前两站世界杯比赛，既是检验队伍训练成果的赛场，同时也成为了解对手的主要平台。

对手不容小觑

尽管与对手尚未真正交手，但中国队通过各国媒体报道，对于对手的情况也有所了解。总体而言，个个都不能小觑。

加拿大、韩国等队已经完成选拔工作，加拿大是 8 月刚刚完成的选拔，挑出竞技状态较好的队员，力争拼到一张参赛资格。因此中国队对于选拔赛非常重视，预计在上海世界杯时可以保持较好的状态。韩国队是今年 4 月进行的选拔，不过此前在卡尔加里训练时呈现了极强的训练水平。

值得一提的是，荷兰队进步惊人，早在上个赛季就显示出极强的发展势头，而且作为速滑大国与强国，荷兰队对于短道速滑也加大了投入，尤其是冬奥会年，在训练和保障上更是加强了科技力量，队员们无论从技术还是能力都有很大提高。为了更好地备战，荷兰还特地从韩国引进了两名运动员作为陪练，由此可见，世界格局范围内，短道速滑的竞争非常激烈，中国队在自我提升的同时，并不知道对手进步的幅度到底有多大。

大名单年底出炉

冬奥会年，短道速滑世界杯减少两站，只有四站，分别为 9 月 26 至 29 日中国上海、10月3至6日韩国首尔、11月7至10日意大利都灵（冬奥会资格赛）、11月14至17日俄罗斯莫斯科（冬奥会资格赛）。因此比较起来，后面两站世界杯的争夺更为重要。

根据中国短道速滑项目的安排，在意大利与俄罗斯两站世界杯暨冬奥会资格赛结束后，中国短道速滑队的大名单也将在11月23日举行的全国锦标赛之后浮出水面。据于海燕介绍，所有参加冬奥会的选手都必须经过本次全国锦标赛的选拔，而参加全国锦标赛的门槛则是通过前面四站全国联赛产生，只有能够代表国家队前往意大利和俄罗斯参加选拔赛的队员才可以直接获得参加全国锦标赛的资格。大名单为男10女10，而到2014年1月10日热身赛之后，才会缩小到最终的名单。

【案例分析】

随着各国对于竞技体育的投入，以及高科技的迅速发展，赛前对于参赛信息的搜集与处理，在现在竞技体育过程中愈发重要。中国短道速滑队在出征冬奥会前，不仅对于本国运动员各细节相当了解，并且对于我国主要竞争对手的相关信息也有了大致的了解。对于对手更深层次的了解有助于制订出更加周密的参赛计划，从而在比赛中有更好的发挥。同时，了解主要对手的训练程度以及训练动态，有助于在赛前让本国运动员戒骄戒躁，从而让教练员能够对运动员赛前的行动更好地管理，更有助于参赛目标的实现。

案例1-5

参赛信息的收集提醒中国队百米接力需重视对手①

田径百米接力，是衡量一个国家或地区整体短跑实力的硬核项目，世界男子百米接力已进入大提速时期，亚洲也不例外，亚洲两强中国和日本是世界排名前八的两支强队，东京奥运将会再次迎来超级大对决。通过近年中日接力队员单项实力和整体成绩进行综合预测，日本队未来几年有望突破37秒，中国与之相比仍有不小差距。

---

① 体坛田径君．深度！日本百米接力有望破37秒 苏炳添 谢震业带领的中国队仍会输［EB/OL］．（2020-04-20）［2020-09-09］．https：//xw. qq. com/cmsid/20200420AOT4KTOO.

2016年里约奥运前夕，亚洲纪录还是中国队保持的37秒92，日本队纪录为38秒03。当年日本队员4个最好成绩为桐生祥秀10秒01、山县亮太10秒03、剑桥飞鸟10秒10，第二棒饭冢翔太200米跑出20秒11，综合实力强于中国，而且日本交接技术的精良娴熟世界闻名。

当时便有体育爱好者据此在奥运前夕大胆预测日本队会打破亚洲纪录，预测成绩在37秒60左右，果然日本队预赛37秒64，决赛以37秒60斩获奥运银牌，两次刷新亚洲纪录，中国队以37秒90收获第四，此后一直落后于日本。日本队近几年出现很多后起之秀，三位队员打破10秒，萨尼布朗9秒97、桐生祥秀9秒98、小池祐贵9秒98，10秒10内的人数还有几位。

因而去年多哈世锦赛前夕，有业内人士预测日本队很有可能跑进37秒50获得奖牌，而中国队成绩在37秒80左右，这些预测在世锦赛前一些文章中多次提及，果不其然日本队以37秒43收获铜牌，中国队创造了37秒79新全国纪录。接力水平高低虽然不是成员单项成绩的简单加减，但却取决于成员赛季百米成绩的强弱，再加上通过观察接力队近些年在国际大赛创造的系列成绩，可基本预测出正常情况下接力队将跑出的成绩。

2020年日本东京夏季奥运会延期至2021年，客观上为还处在年轻阶段的日本队提供一年发展壮大的时间，第四棒萨尼布朗号称日本最终兵器，今年才21岁的他去年100米两次打开10秒（9秒97、9秒99），200米跑到20秒08，潜力和进步幅度非常可怕，也是一位准世界级新星，多给他一年时间准备提升，明年22岁的他设定目标为百米进9秒90，闯进奥运会决赛并站上领奖台。

第三棒桐生祥秀明年25岁，百米水准在10秒内，大赛实力在稳步提升，预估明年水准在9秒95到10秒。第二棒人选有两位，25岁的小池祐贵和24岁的白石黄良，前者是雅加达亚运会冠军，百米9秒98，200米在20秒30内，白石黄良200米最佳20秒27，明年两人有望提升进20秒20内甚至20秒10左右，第二棒距离最长，适合擅长200米的选手跑。

第一棒可由28岁山县亮太来跑，这位两次跑出10秒，硬实力在10秒内的名将，大赛硬实力堪称日本最强，由他来担任第一棒想必日本教练非常放心。去年多哈世锦赛日本以37秒43收获铜牌，阵容为一棒多田修平（水平10秒10左右）、二棒白石黄良、三棒桐生祥秀、四棒萨尼布朗。

2021年东京奥运会，如果日本派出一棒山县亮太、二棒小池祐贵、三棒桐生祥秀、四棒萨尼布朗，四位选手硬实力都在10秒内，在状态正佳、交接顺利无失误情况下，加上主场作战的优势，这支日本最强队伍有机会比多哈跑出的亚洲纪录快0.4秒，有较大可能突破37秒。日本队在里约夺银后宣称东京目标是金牌，不是没有实力依据的。

中国队，苏炳添明年将满31岁，能否再度跑进10秒是个问题，但进10秒10没多大问题，谢震业有望冲击9秒90，许周政、梁劲生、吴智强、禤达军至少有两位水平在10秒10内，因而预估中国队明年奥运成绩在37秒40左右，与日本队仍有较大差距，2016年里约奥运会、2017年伦敦世锦赛、2018年雅加达亚运会、2019年多哈世锦赛，中国已连续4次大赛败给日本，未来恐怕还要走较长的路才能实现反超。

【案例分析】

近年来，随着我国综合国力的提升，竞技体育也获得了飞速发展。在短跑项目上中国队也屡创佳绩，苏炳添、谢震业等体育健儿也多次登上领奖台。在中国队短跑项目飞速发展的同时，日本队同样没有落下脚步，并且在4×100米这个能衡量一个国家短跑整体实力的项目上，近年来大赛成绩一直比我们更优异，中国队已经连续4年在大赛上败给日本队。因新冠肺炎疫情导致东京奥运会延期举行的这段时间，对日本队的信息进行整理研究显得至关重要。4×100米项目属于体能主导类速度性项目，决定其比赛成绩的主要因素应该是体能，己方竞技能力较少受到对方竞技能力的影响，因此，东京奥运前的这段时间，中国队除了尽可能提升自己的竞技能力之外，还应加大力度对日本队的参赛阵容进行研究，对日本队的参赛队员的状态进行分析，并最终选出最佳参赛阵容，才有可能在东京奥运会上有比日本队更好的发挥。

案例1-6

吕斌失去了本该属于他的胜利——不公正的判罚

里约奥运会第4个比赛日刚刚结束，中国队可谓收获颇丰，但在拳击赛场上，却发生了让众人无以言表的一幕。

当地时间8月8日上午，中国拳击选手吕斌在男子49公斤级16进8的比赛中迎战肯尼亚老将皮特·姆盖。台上对阵的过程是这样的：

比赛一开始，吕斌就抓住对手摆拳幅度过大的漏洞重击对手；

第二回合，吕斌一度把对手逼到拳台一角，连续出拳打击对方；

第三回合，吕斌的一计后手摆拳将对手打得一个趔趄，随后他将对手逼到围绳边用组合拳连续重击对方，裁判暂停比赛并给对手数八秒；

比赛很快结束，等待宣判结果时，吕斌挥舞着拳头非常兴奋；

但结果却是裁判宣布对手获胜。

能够理解这个结果的，可能只有裁判……

而且，根据2013年的新规，拳手和教练员甚至连申诉的权利都没有。

吕斌用了很长时间才平复自己的心情，在接受采访时他说，“委屈”完全不能形容他的感受，但他会继续努力的，要用自己的拳头来决定比赛，而不是裁判。

虽然无奈，但吕斌还是说，“可能自己还不够努力，以后还会更加努力”。

看着他亲吻拳台、用毛巾遮着痛哭的脸，观众想对他说，他已经足够好了。

在8月6日，里约奥运会开幕时，信心满满的吕斌曾在微博中说，“我已做好充分的准备迎接每一个挑战，用拳头战胜对手，超越自己。”而三天之后，他说，“裁判偷走了我的梦想。”

里约奥运会的拳击比赛被裁判操控，到目前为止结束的62场比赛中，有近10场比赛的判罚出现了较大的争议。近年来国际拳联对比赛规则进行改革，但如果连比赛的公正都无法保证的话，那么任何改革都将失去意义。

【案例分析】

运动员参赛风险是指运动员在参加比赛过程中，可能经历的各种影响运动员发挥甚至导致运动员比赛成绩降低的可能性。从近5届夏季奥运会上中国运动员的表现就能清楚地看到，重大比赛中运动员参赛风险问题十分突出。我国选手吕斌里约失利的经历告诉我们，在竞技体育的赛场上，有实力但因为裁判的不公而导致失去冠军的情况时有发生。有实力并不一定是冠军。因此，对于这些有实力的运动员更有必要加强他们应对参赛风险的措施。对于竞技体育而言，可能“事事有风险，时时有风险”。我国跳水队在面对裁判方面有着较好的经验，他们认为对裁判员要有礼貌，讲究策略，要给裁判员留下好印象，对不公正、有偏见的裁判员不要怒目而视，更不能当面指责，相反，对他每次打分时都报以微笑，这些经验对应对跳水运动员的参赛风险有着较好的效果，因此，我国其他优势项目也可借鉴此类经验，减少不公正判罚的发生。

案例 1-7

参赛风险的评估不到位致使林丹输给“年轻时的自己”①

在苏格兰悠扬的乐曲下，林丹背着包黯然离场。走下场时，他还在跟教练员交流第一局 20∶20 的时候那个抽球处理的得失。

前几天人们说李宗伟输给了岁月，今天，人们又说林丹输给了岁月。但他从来不回避。“34 岁，年底就 35 岁了，这就是我的纪录。等所有人都到了 35 岁的时候，我不知道他们还能不能进入到世锦赛的决赛，我们到时候再看吧!”说完，林丹笑了。这是世锦赛开赛以来第一次听他在采访的时候开玩笑。

他身上穿着那件印有“20”字样的 T 恤，代表着将迎接他第 20 个世界冠军。现在数字依然在 19，所以一切未完待续。

哪怕结果不能改变，林丹也没放弃最后一丝希望。

都说他签运好，他自己从来没这么觉得。16 强打丹麦四单霍尔斯特，三局 80 分钟；8 强面对英国选手欧希夫，三局 83 分钟。还没到半决赛，林丹就被消耗了不少的体能。但他回去睡个觉，练练力量，第二天接着打。因为，他的目标不止于此。

就在林丹和安赛龙的决赛开始前，奥原希望和辛杜的女单决赛打了足足 110 分钟。一高一矮两个女选手满场飞奔，战斗到最后一分钟，这场惊心动魄又艰苦的比赛看得全场激情澎湃。一切都像是为即将登场的林丹和安赛龙在预热。

全场灯光暗下，一束蓝光照在巨大的羽毛球形状的入口处。“下面有请世界冠军得主，林——丹——”白的追光打亮，林丹表情严肃地从羽毛球门里走出，两侧燃起了烟火，像从童话里走出来的英雄。全场高喊着他的名字，但他只是轻轻挥挥手，面无表情。这样的入场，似乎跟现场营造的氛围格格不入。

这次世锦赛开始，所有面对媒体的场合几乎都看不到林丹笑。他总是很认真地回答问题，但是却不再像以前那样边回答边调侃。有一天在热身场地，记者问

---

① 张楠. 不再“叛逆”的 34 岁的林丹［EB/OL］.（2017-08-28）［2020-09-09］. https://sports.qq.com/a/20170828/030093.htm.

到他是不是瘦了。他低头看着自己的肚子："没有啊！我还觉得自己胖了呢！"其实整个成都集训期间，他的体重都保持得很稳定，没胖也没瘦。

"但整个人更精悍了。"我告诉他。他调皮地双手握着拳，做了一个庆祝的动作，笑着去热身了。这是我整个世锦赛期间唯一一次看到他笑。

又是安赛龙。一年前刚刚跟李宗伟在奥运会半决赛上打了一场世纪经典的"林李大战"之后，林丹在第二天面对这个比自己小 11 岁的选手，拖着疲惫的身体跟他打满三局，最终还是没能获得胜利。无缘决赛，甚至连夺牌的机会都不给林丹。

向来看起来很友善的安赛龙今天眼中充满杀气，而林丹还是一如既往的平静。比赛开始，在持续一段时间领先两分之后，安赛龙把比分追平，再反超。打到 14∶11 的时候，林丹开始追分。20∶19 林丹最先拿到局点，可再次被对手反超。林丹一个杀球出界，眼看着球出界的安赛龙已经开始庆祝这一局的胜利，但林丹却坚持选择挑战。结果虽然没能改变，但他却没有放弃最后一丝希望。

安赛龙没有像孙完虎那样打得林丹两侧飞身救球，而是直接利用自己的高度和速度一点杀死，让林丹甚至没有飞身救球的机会。第二局开局，安赛龙进攻更凶，失误更少。任林丹怎么跳起扣杀，球就是会飞回来。安赛龙就像是十年前的他，打得对手无计可施。只是这一次，林丹成了站在对面的人。

【案例分析】

"拳怕少壮"的意思是说比拳斗武，擂台竞胜，毕竟都是极耗费体力的事，老武师纵然技艺娴熟，经验丰富，但挡不住体力下降，心有余而力不足。而且，少壮小子多不按套路出拳，也不大守武林规矩，打起来防不胜防。

林丹固然还是那个林丹，但是随着年龄的增长以及这个项目的特点，像之前靠几拍便结束比赛的情况再也不会发生。面对着一群比自己小将近一轮的竞争对手，林丹对比赛的掌控力逐渐下降，再加上此次比赛球速较慢，导致林丹在比赛的第一轮和第二轮都是打满 3 局耗时 80 多分钟才战胜对手，这对于体能的消耗是剧烈的。随着年龄的增长，体能的恢复相较于其他年轻选手也会慢，半决赛时，面对孙完虎这种以拉吊打法为主的选手，林丹还能凭借经验以及出色的赛前准备战胜对手。但是，到了决赛，面对这个比自己小 11 岁，身高臂长，同时进攻能力突出的选手，林丹身体上的负荷又到了一个极值，并且安赛龙这场比赛发挥极佳，完全不给林丹鱼跃救球的机会，见高就杀，同时安赛龙自身的防守也做得十分到位，随着时间的流逝，林丹终究没能拿到个人世锦赛的第六次冠军。这场比赛我们并不能说林丹打得不好，相反，林丹把这些年的参赛经验发挥得淋漓尽致。然而谁也没能料到安赛龙的失误控制如此之好，无论是对进攻时机的把握，还是防守方面都做得极好，只能说赛前对于对手参赛风险的评估还是没有做得十分到位。

案例 1-8

低估裁判员带来的参赛风险导致女单小小的遗憾

2012 年伦敦奥运会，绝对是中国羽毛球项目迄今为止获得过的最好成绩，包揽了所有项目的冠军。男单项目，林丹再次在奥运会决赛上击败强劲对手——李宗伟，成为首个蝉联男单奥运冠军的运动员，师弟谌龙获得了铜牌；男双项目，蔡赟、傅海峰；混双项目，张楠、赵云蕾；女双项目，田卿、赵云蕾均获得冠军。值得一提的是女单项目，冠亚军争夺中，中国小将李雪芮以 2∶1 力克新科世锦赛冠军王仪涵获得冠军。而在季军争夺战中，在第一局局末的时候，汪鑫因地板湿滑向裁判员示意需要擦地板遭到拒绝，在继续进行的比赛中意外摔倒，虽然拿下了第一局，但最终因伤无法坚持比赛，导致女单本可以包揽冠亚季的场面没有出现。之后，她被诊断为左膝前十字韧带断裂，进行了长达半年多的康复。随着年龄的增长，伤病的积累，汪鑫于 2013 年选择了退役。

【案例分析】

毫无疑问，2012 年注定是中国羽毛球项目最为辉煌的一年，有着黄金一代的奋勇拼搏，只要出战，很少会金牌旁落。虽说伦敦奥运会包揽了所有项目的 5 块金牌，但还是出现小小的遗憾，便是女单项目，因汪鑫的意外受伤，导致季军由印度选手内维尔获得。而出现意外受伤的原因便是在第一局局点时，因场地湿滑，当汪鑫提议让主裁清洁场地时，主裁并没有同意，继续比赛时，导致悲剧的发生，并最终导致了她的退役。

主裁判罚有所偏颇在伦敦奥运会上屡见不鲜，国羽教练们在看到前几日其他项目所遇到不公正的判罚时，应该在制定比赛战术时，注意对参赛风险的评估，并向选手强调遇到此类情况时应当如何去处理。在技能主导类的项目比赛中，裁判员确实有根据选手的情况进行场地清洁的现象，以及同意选手们在进行多拍后的擦汗。但这也是以裁判员的主观判断为基础的，当遇到较为严格的裁判时，选手们应当注意自己主动提出擦汗、换球以及清洁场地的次数，不能让裁判员认为己方有拖延时间恢复体能的错觉，并且在进行换球的这些举动时，一定要明显地示意裁判，让裁判认为你很尊重他。这样才有利于选手在比赛中能够少受裁判的影响。

很显然，如果教练组能够注意参赛风险的识别以及评估有可能避免此类情况的发生。

案例 1-9

足协制订三种方案 沈祥福成中方教练组长热门人选①

杜伊正在度假，洋帅踪迹不定，中方组长一团迷雾，足协不得不准备三种方案应对 10 月 8 日即将开始的资格赛，在杜伊同意的情况下率混编队征战资格赛；洋帅到位后，在中方教练组长的协助下指挥国家队完成比赛；中方教练组组长指挥国家队完成比赛。至此，足协基本确定正式国家队出战资格赛。

中国足协官员坦言，目前的局势很混乱，因为不知道外籍教练能否在 9 月底到任。因此，现在必须将各种可能的情况考虑在内。

第一种方案就是曾经和杜伊协商过的方案，即由杜伊率混编队征战资格赛。杜伊拒绝国奥队为主征战资格赛，在外籍主帅实在难以到位的情况下，杜伊还是最佳选择。由于他曾经在去年 12 月份的多哈亚运会上率亚运队出征，对一些超龄球员有着比较直观的认识，由国奥队的精英和超龄球员精英组成的混编队出战，应该是个不错的选择。不过，杜伊一直不想承担国家队的任务指标，混编队出战缅甸存在较大的风险，这是杜伊最为忌讳的。一位知情人士说：“杜伊之所以不接国家队和不让国奥队出战世界杯预选赛，就是因为他知道国奥队的实力不够，也清楚一旦世界杯预选赛打不好会影响国奥队的执教以及奥运会，因此他不愿意接。除非中国足协不考虑资格赛的结果，杜伊才有可能率队去打资格赛，但

① 肖良志．足协制订三种方案，沈祥福成中方教练组长热门人选［EB/OL］．（2017-08-16）［2020-09-09］．https://sports. sina. com. cn/n/2007-08-16/09443107113. shtml.

是足协也不可能拿世界杯预选赛的资格开玩笑啊。”

8 月 7 日，经足协领导做工作杜伊才答应了总教练的虚职，现在看来让杜伊率队参加资格赛的可能性比较小。果真如此，“混编队”出战资格赛的几率也在逐渐降低。一位在国家队工作多年的人士说：“世界杯预选赛的备战计划要早定，受亚洲杯兵败的影响，国家队应该尽早组建，正式国家队打资格赛其实最合适，主要是为了让新一届国家队找到感觉，为明年的小组赛做好准备。参加奥运会的不是混编队，打世界杯预选赛也不是混编队，所以最好别用混编队。如果杜伊不带队，混编队就别考虑了。”

第二种方案的难度也在加大，除非中国足协从熟悉的外籍教练中聘请一位，否则很难说在 9 月底就一定能找到外籍主帅。这个方案也并非迫不得已，因为杜伊推荐的教练不排除有适合中国队主教练的可能，中国足协的自选也有在 9 月底完成的几率，因此这个方案值得考虑。如果外籍教练果真到位，那么他肯定希望真正的国家队出战资格赛。由于外籍教练还无法认清队员，中方教练组组长将会协助他完成资格赛的指挥。

第三种方案实际上和第二种方案相连，无论外籍教练到位还是不到位，最终完成资格赛指挥的可能都是中方教练组组长，因此这个中方教练组组长最为重要。在诸多选择中，沈祥福越来越突出，一方面国家队的中坚力量大多都是他执教国奥队时的球员，加上他是米卢的助手，对李玮锋、邵佳一、韩鹏、季铭义等所有中超和海归球员都非常熟悉，组队参赛不是问题。唯一的缺憾就是沈祥福正在广州队冲超，而且他本人是否愿意到国家队也是未知数。有的足协官员说：“沈祥福当组长绝对是合适的人选，至于他在广州队执教，我相信他肯定能够率队提前冲超，那时候就不存在问题了。”

【案例分析】

竞技参赛方案的制订一般包含 4 个方面：参赛指导思想、程序化参赛过程、比赛中可能出现的问题以及可能出现问题的应对策略与方法。制订参赛指导思想的前提便是要求运动员在比赛中摆正自己的位置，受亚洲杯兵败的影响，认清中国足球当前的形势至关重要，在杜伊拒绝带队的情况下，应该自谋出路。国家教练组深刻分析当前中国足球形势，对未来可能出现的问题做出深刻的剖析并制订出 3 种方案。从制订的方案来看，充分考虑到了各种不利情况的出现并且给出了较为有效的应对策略与方法。

案例总结

好的开始是成功的一半。竞技体育是一项规模庞大的系统工程，要想在竞技体育中获得优异成绩，就需要在每个环节中都尽最大的努力做到最好。而竞技参赛准备正是实现由训练向比赛过渡的专门阶段，因此更加重要。

林丹和张继科曾经都是各自领域当之无愧的王者，而如今随着年龄的增长以及伤病的积累，导致他们需要付出更多的努力才能获得更好的比赛成绩。羽毛球第一人的林丹并没有因为自己辉煌的过往而有所懈怠，在赛前准备工作中依然一丝不苟，最终成功晋级到下一轮；张继科由于伤病的原因已远离国际赛场很长一段时间，为了重回国际赛场，认真准备与侯英超的比赛，虽然并不是一场按传统规则的正式比赛，但张继科在比赛中对对手的试探，变换回球节奏，以及对对手的限制无一不体现了其赛前准备的完善；而作为国羽女单未来的领军人——陈雨菲，虽然在 2019 赛季有着亮眼的表现，但在 2020 年最负盛名的全英羽毛球比赛中，由于对对手的准备不足，在比赛过程中反遭对手的限制，最终输了比赛。

随着互联网的兴起以及各国对于竞技体育的投入，使得各国的竞技体育发展迅速，以往一家独大的情况很难再发生。这时，谁先做好竞技信息的收集，便很大程度上可以制约对手，有利于己方制订有效的训练计划以及参赛计划。中国短道速滑队的制胜之本便是知己知彼，将主要对手罗列出来，并对他们的训练进度以及训练方式进行研究，与我国选手进行对比分析，才能在比赛中有着良好的表现。中国近几年来屡创佳绩的男子百米接力队也并没有沾沾自喜，对于日本队近年来新人的成绩在了解的基础上进行预测，这样不仅有利于制订出更好的参赛计划，还能通过对手的优异水平刺激己方运动员的训练热情。

运动员在比赛中的表现不仅受自己和对手竞技水平的影响，有时还会受到裁判工作的影响，近年来，国际比赛中因为裁判员的不公正判罚导致中国运动员失去本该获得的优异比赛成绩的事件屡见不鲜。在 2016 年男子拳击 49 公斤级 16 进 8 的比赛中，中国选手吕斌连续重击对方，并使对手读秒，然而宣布结果时，却是吕斌被淘汰；同样遭遇的还有中国羽毛球女子选手汪鑫，由于裁判员对于场地湿滑的不予理会，导致汪鑫滑倒受伤丢失了本该获得的奖牌。因此，在赛前对于参赛环境风险的预测以及采取措施是十分必要的。同样，竞技参赛风险还来自于竞争对手，林丹在2017年世锦赛决赛中已经发挥十分出色了，但由于对双方体能以及失误的预测不到位，最终还是输给了安赛龙。运动员或运动队是否能在比赛中获得良好的比赛成绩，还需要看参赛方案制订得是否恰当，中国足球受亚洲杯兵败的影响，选择自谋出路，充分考虑可能遇到的情况，并制订出有效的应对方案。

CHAPTER 2 第二章

赛前训练的组织与实施理论解析及案例分析

运动员长期训练的结果需要通过参加比赛，并最终获取良好的比赛成绩才能体现应有的竞技价值。我国学者刘建和认为："凡是为参加特定比赛而进行的训练都可称为赛前训练。"赛前训练是一个承上启下的重要阶段，赛前训练的主要任务是将运动员在准备期所获得的竞技能力整合成适合参加比赛并最终创造优异的运动成绩的能力。

俄罗斯学者马特维耶夫教授认为：竞技状态是运动员针对取得该训练阶段最好成绩所处于的最佳准备状态，并且只有"最佳竞技状态"才可以称为"竞技状态"，具有相对性；我国学者田麦久教授认为：竞技状态就是指运动员参加训练和比赛的准备与现实状态，运动员在训练的全过程中均存在并表现出一定的竞技状态。如果把比赛中出现的最佳竞技状态称为高峰状态，运动员在比赛前应有的状态称为峰前状态，那么峰前状态一般出现在最佳竞技状态的前 1～2 周。

赛前训练的内容，应该根据运动员所从事专项的特点以及运动员的现实需要进行安排。内容的选择应满足专项的需要，具有针对性并且注重安全性；同时应更加注重心理素质的训练，并且注重训练的监控以及恢复的措施。

案例 2-1

适合个人的训练计划才是最好的[①]

2002 年，在拉德克里夫于美国芝加哥跑出 2 小时 17 分 18 秒的成绩，创造当时女子马拉松的最好成绩，之后俄《田径》杂志对拉德克里夫的训练进行了报道，大致内容如下：

（1）拉德克里夫每天进行两次训练，第一次在早饭以前，约 9 点 30 分。训练完吃饭休息，然后少量午餐。16 点 30 分~17 点进行第二次训练，时间为 40~50 分钟，晚上按摩。如果当天上午安排场地训练，则先吃早饭，然后 10 点 30 分开始训练。

（2）拉德克里夫十分注重恢复，尤其是睡眠。通常 22 点就寝，9 点后起床训练。此外，在下午训练之前，会尽量再睡 2 小时。

（3）周训练量在 150 英里左右，通常上午 15 英里，下午 7 英里。每周安排 1 小时体操和力量训练课。悉尼奥运会后又增加了跳跃练习。

（4）训练周期与其他运动员不同，8 天为一个周期，7 天训练，1 天休息。

值得注意的是，虽然当时拉德克里夫的训练量和强度都很大，但她讲道，她并不是突然加大的，以前她的训练强度就很大，但量相对较小，她是逐年增加训练量的，每年的增幅不超过 10%。10 年前，她的身高为 1.70 米，体重 51 公斤，现在身高 1.73 米，体重 54 公斤。

【案例分析】

乌克兰学者普拉托诺夫认为："高水平运动员为准备重大比赛，全年训练中一般在临近比赛前安排一个专门补充性训练大周期，以便运动员直接有目的地准备重大比赛。"通过观察拉德克里夫的赛前训练内容，我们可以发现，拉德克里夫的训练量虽然很大，但是她十分注重恢复，并没有一味地追求比赛成绩而盲目加大训练量。她的训练计划科学高效，就像其自己所说，她的训练量并不是突然加大的，而是循序渐进。同时，值得注意的是，她的训练周期与其他运动员并不

① 爱燃烧．顶尖女子马拉松运动员的训练和备赛［EB/OL］．（2019-09-25）［2020-09-09］．https://iranshao.com/articles/5924-training.

相同，拉德克里夫的训练周期为8天，7天训练，1天休息，此外，她还十分注重力量训练。正是这样科学而又高效的赛前训练计划，最终让拉德克里夫在比赛中以良好的竞技状态创造了当时女子马拉松最好成绩。

案例 2-2

符合项目特点的赛前训练助林丹豪取两冠一亚[①]

林丹，曾希望自己永远不要从高处跌下来。

2017年9月8日，中国天津。全运会羽毛球男单决赛，林丹以21∶13拿下第二局，实现了全运会四连冠。他停了几秒钟，突然躺在地上，双手垫着头，面向天花板，望了十几秒钟。

充满激情的超级丹从未以这样的方式庆祝胜利。

“只是想在这个场地多停留一会儿。”他说。这是他最后一次参加全运会。

在这个横跨奥运会和出轨风波的全运周期里，林丹的“敌人”更多了，场内场外一个个针对运动员和男人的问题始终围绕着他。

起身后，34岁的林丹向看台球迷挥舞拳头，跟北京队的教练田俊宁、助理教练陈天宇紧紧拥抱，然后脱掉上衣抛向观众，引起一阵骚动。这才是属于林丹的庆祝方式。

赛后采访，他说，现在最想做的是赶紧回家，抱儿子。

这天，也是妻子谢杏芳的生日。林丹赛前就收拾好行李，等颁奖一结束就回家。

8月，英国格拉斯哥。世锦赛上，一支拍摄团队紧随林丹，不放过他训练、生活、比赛的所有瞬间，还采访了世锦赛上林丹的所有对手以及队友和教练。

上一次林丹被这样跟拍还是在2012年奥运会之前，当时团队计划给他出一部纪录片。

这个团队的出现就像是一个符号，让人感觉到，这似乎是为离开做纪念。其实，林丹的团队也不知道这会不会是他最后一届世锦赛。教练组也没人知道林丹的打算，后面的比赛照常为他报名。没人听他提过退役的事情，但他身边所有的

---

① 张楠．林丹：曾希望自己永远不要从高处跌下来［EB/OL］．（2017-09-11）［2020-09-09］．https//sports. qq. com/a/20170909/011462. htm.

人都在猜测：如果夺冠了，林丹会不会就此离开？

“除了我的教练，没有人知道我为世锦赛付出了多少。”林丹又一次杀入决赛，赛前发布会上有人问他，这是不是他最后一次世锦赛？他答非所问发表了这样的感慨。

世锦赛开赛前，在首长体育馆的热身场里看到男单组主教练夏煊泽，问到林丹的状态，夏煊泽的回答言简意赅：“特别好！……所有的训练无论是技术还是力量、跳沙坑、跑 400 米都跟其他队员完成的一样，没有缺席一堂训练课。”

现在国家队男单组最大的队员比林丹小 6 岁，但在训练上，丝毫看不出年龄差别。

对训练内容，林丹从来不会打折扣，二十年如一日。小时候，如果他犯了错误，教练对他最大的惩罚，就是不让他训练。

全运会羽毛球团体决赛，林丹代表北京队获得冠军。翌日，我们在宝坻的训练房里对他进行了独家专访。这是自从去年的出轨风波后，林丹首次这么正式而长时间地面对媒体。

我们来到训练房时，林丹正骑着单车，然后做了几组腹肌训练。末了，看了看手表：“正好一个小时。”

每堂技术训练课他都很认真。只是这些年随着名气的增加，社会活动越来越多，过去的封闭集训他总是会请假去参加一些活动。但世锦赛前在成都备战时，他没有请过一次假。年初陵水的冬训，他只请过一天的假，是为了赶回北京给儿子小羽摆百天宴。前一天训练完连夜赶回北京，中午摆完百天宴，晚上就飞回陵水。那一天，他只错过了队内的一次晨跑。

林丹承认今年的自己比去年和前年都更加努力，状态也更好。

“因为经历过一些事情之后，我觉得自己的心比原来更加沉静了一些。”他说。

他知道自己有段时间缺乏方向感。赛场外的诱惑，敲打着他审视自己的定位。

作为公众人物、明星球手，社会对他的审视，从竞技层面延伸到生活的各个角落。对球，他痴迷、认真，但是抛开羽毛球，钱、名、色，浮躁和虚荣，生活里的挑战给他带来不少考验。经历了那场漩涡，他才知道只有这一方白线内，才是他最终的归宿。

2 月陵水集训结束，他开始冲击世锦赛的积分之路。从 2 月底到 4 月底，他打了 5 站比赛，其间只有 3 月休息了不到两周，4 月在北京停留了几天，见到小羽的时间特别少，甚至错过了儿子从翻身到坐起来的阶段。

拿到世锦赛资格，又是长达 4 个月的体能储备期。

世锦赛前成都的封闭集训，有一次全队体能测试，32℃的下午在双流体育场跑 400 米，一共 8 组。体能教练要求必须在规定时间内跑完，第一组 1 分 20 秒，之后每一组时间缩短，第七组如果在 1 分 05 秒之前回来，就可以不用跑最后一组。听到这个要求，大家都皱着眉，林丹边系鞋带边开玩笑："我又不是年轻人……"

10 个队员被分为 3 组，林丹在第一组，同组的还有两个年轻队员。

一上跑道，林丹就像换了个人。在他的带领下，这一组总是能够稳稳地按照规定时间跑完，节奏掌握得极好。其他 3 组要么是起跑太凶，要么是冲刺玩命。跑到第六组，林丹的衣服已经全部湿透，最后索性赤膊上阵。

成都闷热潮湿，跑完最后一组，林丹弯着腰，双手撑着膝盖，咧着嘴说不出话。其他队员也累得在塑胶跑道上躺倒一片。

"我不能和年轻球员比，他们有很多的比赛时间去锻炼，但是我不行。所以我必须（在有限的时间里）把自己的体能充满电。"林丹说。

"那个时候我希望自己永远不要从高处跌下来"

里约之后，一年的时间，鲜花和臭鸡蛋都在空中飞过了。一个逐渐走下神坛的运动员，在想些什么？

离别的气氛那么浓，却没人真的开口问一问。

"不仅是我的团队，包括我的教练可能都觉得这是我最后一届世锦赛。"林丹把一切都看在眼里。

"但是我目前的状态还不错，而且还有野心。"他说，"所以这不会是我最后一届世锦赛。"

他已经瞄准了明年的汤姆斯杯和世锦赛。这将是两个极其艰巨的任务。

"如果很容易就完成，那就不是林丹该做的事情。"

怕不怕自己的职业生涯不是以一场胜利作结？

"如果是十年前，特别是 2012 年（前后），我会有这样的担心。"登过高处、历过低谷，他以看透自己的口吻说，"那个时候我希望自己永远不要从高处跌下来，永远都是一种别人触不可及的状态。"

那个时候，他遇神杀神，遇鬼砍鬼。但今非昔比，风景不同了。一年前，林丹仍极度渴望奥运会冠军，却输给“一生的敌人”李宗伟；几周前的世锦赛决赛，他付出甚至比里约奥运会还多的努力，却还是没能打过比自己小 11 岁的安赛龙。

格拉斯哥世锦赛期间，在混合区和发布会，林丹诚恳地回答媒体提问，不再像以前那样爱开玩笑了，甚至没有露出过笑容。

决赛那天输掉比赛，他坐在新闻发布厅里，突然说：“谁在 34 岁的时候还能够杀进世锦赛的决赛？如果以后有，再说吧！”说完，笑了。

林丹说，输给岁月的说法“太残酷”，“我知道我面临比我小七八岁甚至十几岁孩子的冲击会越来越多，这是自然规律。我从来不会回避自己年龄越来越大的问题，但还有一个让我兴奋的事情就是，我在不断刷新自己的纪录——34 岁进入世锦赛决赛，我不会决定离开，我希望自己还能不断刷新自己的纪录。”

【案例分析】

2017 年 8 月刚获得羽毛球世锦赛亚军的林丹马不停蹄地回到国内，参加四年一度的全运会，在与一群年轻人的博弈中，最终助北京队获得团体冠军，个人获得单打冠军。在如此短的时间内获得如此出色的比赛成绩与其科学且合理的赛前训练是分不开的。随着年龄的增长，林丹在羽坛的统治能力已逐渐下降，但是，在这片他依然热爱的场地，他仍然与朝气蓬勃的年轻选手一样努力训练。在世锦赛前成都的封闭训练中，与年轻队员进行同样强度的 400 米训练，以及专项的技术、力量训练。这些训练都符合羽毛球项目供能的特点，高效整合运动员的竞技能力，促进运动员的机体恢复，有效完善运动员的技战术，最终让林丹能够保持良好的竞技状态并获得优异的比赛成绩。

案例 2-3

竞技状态巅峰的刘翔不曾辜负期待①

雅典奥运会上的四枪，是享受赛场刺激的孙海平美妙的记忆。

---

① 张曹．刘翔鸟巢退赛那一天：从矛到刺，是什么吞噬了最后的坚持［EB/OL］．(2019-10-27)［2020-09-09］．https://sports.qq.com/a/20190924/00935.htm.

"预次复决四场比赛，他是一枪比一枪好……按照现在的话来说，他每跑完一枪，人就舒服一点。第一枪跑下来，'哦~'第二枪跑下来，'哦~~'不错不错。第三枪跑下来，'噢哟!'进决赛了。最后一枪，越来越好。"

当时在田径队内部，刘翔早已被"国宝级"对待。

在雅典奥运村，为了保证他有一个绝对安静的环境，不受外界打扰，田径队"有意将刘翔安排住到跟领导一个单元"，根据王春鸣著《中国翔，世界飞人刘翔夺冠纪实》，"田径队领导开会转移到其他房间，就连上洗手间都轻手轻脚，能够在外面解决的问题，全部在外面解决。在刘翔比赛这几天，由于事务繁忙，田径队领导回来都很晚，他们怕打扰刘翔休息，连澡都不敢洗。像中心主任罗超毅更是带头，在刘翔出去吃饭和训练时，匆匆冲个澡。"

决赛前开会，大家都有点抑制不住地开心和憧憬，"前三应该没有问题。"

与刘翔同时代的110米栏运动员史冬鹏至今还清楚地记得，刘翔在决赛那天进场前的场景。

准备活动的时候，刘翔"一句话也不说"，很专注。孙海平给他扛腿、拉肌肉，史冬鹏在旁边帮忙扶着。跳高队的景雪竹保持一定的距离，拍摄视频资料。准备活动快要做完的时候，冯主任来了，在一旁看着。

"时间到了，检录了。"史冬鹏说，点名三次完毕，"翔哥把衣服换了，把鞋穿上，把包往地上一扔，走了两步，比较长地出了几口气，再把包拿起来。我就看着他，跟他击了个掌。他也跟冯导击了个掌。然后跟师父握了个手（就感觉特别用力地拉着孙指导的手）说了句上海话，'师父，你相信我。'"

2004年8月28日，刘翔以12秒91夺得奥运会男子110米栏冠军。给他颁奖的是中国杰出的体育外交官、一生为中国奥运事业奔走的何振梁先生。何振梁先生为这个身披五星红旗、一跃跳上领奖台的80后男孩挂上金牌，自己也流下泪来，连说了两声"谢谢!"

奥运夺冠次年，上海国际田径黄金大奖赛创办。谁都知道，刘翔是这项赛事的引擎。

黄金大奖赛第一年在上海八万人体育场举办，场馆旁边有个巨大的广告牌。

前来参赛的世界名将们，一出体育场，就能看到刘翔出现在可口可乐的广告牌上。

阿兰·约翰逊用夸张的表情和一个情不自禁的"啊"字表达了他的惊讶和羡慕。要知道，可口可乐找的通常都是巨星，那种浑身上下都写满商业价值的科比和詹姆斯们。

打开电视，更是找不到没有刘翔的频道。

这个二十一二岁的小伙子，从事着一项原本在中国几乎没有观众的运动，却结结实实地跨进了巨星行列。

这样的影响力背后，是13亿中国人对自证的热切，刘翔是第一个在传统认为“我们不行”的直道上，给国人以惊喜和信心的人。

作为技术细腻、节奏感出色的选手，刘翔在欧美力量型高手的丛林中，将不可思议的“神话”写成了醉人心脾的“童话”。

“那时候的刘翔，就说任何一个比赛，只要想拿，他肯定就能拿下。像2005年，有一次是18天比6场，等于是3天比一场，他场场都是冠军。”孙海平说。

尽管抽烟很凶，每天两三包，上赛场也会带着速效救心丸，孙海平还是太享受这种高水平竞技的满足感了，“如果我给他定的目标他达到了，那么每一次比赛后，我（就有）如释重负的这种感觉。人无负担一身轻，这一下，人就感觉很舒服。”

在史冬鹏看来，刘翔非常强大的一点，是“哪怕状态不好，临场的表现也能把他最好的一面调动出来”。

这样的比赛型选手，靠的是极强的抗压能力、极好的心理素质以及分寸感极佳的掌控力。

什么是掌控力？史冬鹏拿自己举了一例。

2007年世锦赛，史冬鹏自感状态调动得不错，第一枪13秒22，“确实压不住，跑太快了”，超过个人此前最好成绩百分之二秒。第二枪，平个人最好成绩。第三枪到决赛了，“（腿部）肌肉紧得都摸不到脚了”。

决赛里，大史跑出了13秒19，获得第五，提高了个人最好成绩，但他并不满意，因为前面没控制好比赛状态，导致他已经具备的13秒10的水平没有发挥出来。

同样是在2007年的大阪世锦赛上，刘翔向世界展示了什么叫“春风得意马蹄疾，一日看尽长安花”。

他创造了“9道奇迹”。还没撞线前，他扭头看了一眼美国的特拉梅尔。还没撞线呢，他就笑了。

史冬鹏说，百分之二秒的差距，“确实差着一种感觉”，经验丰富的优秀运动员都知道，差着的半个头，就是输与赢之间的遥远距离。

【案例分析】

刘翔一直是黄种人的骄傲，是中国田径历史上也是亚洲田径历史上第一个集奥运会、室内外世锦赛、国际田联大奖赛总决赛冠军和世界纪录保持者多项荣誉于一身的运动员。在雅典奥运会决赛前，刘翔很专注认真地做着准备活动，检录后，用劲地拉着孙指导的手说："师父，你相信我。"从这里可以看出刘翔赛前机体表现出适度的兴奋状态，是十分有利于比赛发挥的一种状态。运动员各器官、系统的机能能力高度协调，观看比赛录像可以发现，刘翔在比赛中充分地发挥了自己的长处，技术细腻，节奏感强。刘翔在这场比赛中的状态体现了运动员处于最佳竞技状态的特征，运动员心理稳定，渴望训练与比赛，自信心强，自控能力好的特点，最终以 12 秒 91 平世界纪录并获得雅典奥运会的冠军。

案例 2-4

未处于最佳竞技状态的李宗伟成就悲情天王①

"never never never give up!"这是李宗伟自传电影《败者为王》的副标题。

这么近那么远的世界冠军。

2008 年奥运会，李宗伟第一次离冠军那么近。但一开场却完全陷入林丹的节奏中，原本势均力敌的比赛变成了一边倒，打出了二人交战史上少有的小比分 12:21、8:21。那天在电视机前看比赛的女友黄妙珠瞠目结舌："怎么会这样?"

黄妙珠回忆，决赛那天晚上，他们还跟往常一样一起吃饭，没有任何异常。但李宗伟自己却说，决赛前一晚自己失眠了，因为太想要拿这个奥运会冠军。大比分输给林丹之后，李宗伟没有坐运动员大巴车回奥运村。

"陪我走走吧!"李宗伟跟恩师米斯本说。于是，师徒二人从北京东南的北工大体育馆走到了位于北四环的奥运村，到达时已是午夜。

四年之后的伦敦，最好的林丹，但却不是最好的李宗伟。三个月前的汤杯上，李宗伟崴脚受伤，被架出赛场，医生甚至告诉他根本无法参加后面的伦敦奥

---

① 张楠．人间历劫李宗伟从未放弃，他不信宿命笑言劫难成就如今的自己［EB/OL］．（2018-09-25）［2020-09-09］．https://sports.qq.com/a/20180923/002134.htm.

运会。李宗伟就是这么熬过的伦敦奥运会：瘸着脚来，奥运会开始前两天还不能跑，只能吊吊球，打不了全场。第一场比赛，他打了三局，险胜，感觉用尽了一生的力气。脚疼得无法控制，如果比赛也无法控制，那就绝望了。

在伦敦，李宗伟每天都在房间里哭。打完一场，哭一场。哭完一场，打一场。他甚至期盼每一场比赛都是最后一场，伦敦奥运会就是自己最后一届奥运会，不打了，也就不用背负那么多责任和压力了。

一路哭，一路疼，每一场比赛都要打固定，做很多保护工作，李宗伟也没有想到，怎么就打进决赛，又来到万众瞩目的林李大战。

既然到此，“肯定想多踏上一步”……

2011 年世锦赛决赛、2012 年奥运会决赛、2013 年世锦赛决赛，这些年的世界男单决赛似乎被他俩承包了，过程永远那么艰苦，最后时刻永远存有悬念。但是结果无一例外，都是林丹获胜。从那时起，悲情似乎就一直伴随着他。

2014 年世锦赛，林丹因为积分不够没能参赛。人们都说那是李宗伟夺冠的最好机会。整个世锦赛，他都打得很轻松，但他一直强调，伤病让他感觉很难全情投入。

决赛那天，教练先走进场，李宗伟一个人坐在候场区的椅子上，双手支撑在膝盖上，低着头，沉默不语。离他 5 米远的地方，是正在跟队友谈笑风生的谌龙。

决赛决胜局，又是一个 19∶20。在他的人生中经历了无数次这样的画面。这一次，对面捧杯的不是林丹，而是谌龙。又一个种在他心里的心魔。

时间再过两年，2016 年，里约。当人们习惯了林李大战的剧本按照李宗伟的悲情落败收尾时，他却在奥运会半决赛上将其改写。

21∶20，李宗伟在决胜局拿到赛点。他在网前轻轻停顿，小扣杀。林丹的视线追随着球落地……就这样结束了两人长达十年的较量。李宗伟转身跪倒在地，双手握拳放在嘴边，泪水顺着眼角滑落。他曾经战胜过林丹很多次，只有这一次，胜过之前的种种。教练叶诚万、郑瑞穆冲上来紧紧拥抱他。那天赛后的热身场，所有马来西亚的队员都列队站好，当李宗伟出现的一刻，集体送去掌声，就像是获得了冠军。

然而，一天之后，同样的一块场地，所有马来西亚的队员围成一圈，沉默不语。李宗伟一个人坐在中间的椅子上，把头埋在手掌心里。没有人敢去打扰他。他抬起头，泪流满面。里约奥运会男单决赛上，他输给了谌龙。

很多人都以为这或许就是林李大战的绝唱，很多人也以为属于他们的时代或许就在那个时候告别历史舞台。然而，两年过去了，林丹还在，李宗伟也还在。他身上的肌肉越来越结实，这些都证明着，这位36岁的老将依然没有放弃。

【案例分析】

要说北京奥运周期以及伦敦奥运周期羽毛球项目中，林李一定是当之无愧的佼佼者。双圈大满贯的林丹以及公开赛冠军无数唯独只缺世界冠军的李宗伟。11岁学球，短短几年进入马来西亚国家队，以一己之力对抗中国国家队几代羽毛球选手，并最终获得3枚奥运银牌的超强成绩。

然而，纵观李宗伟在各次世界大赛中的表现，除2008年北京奥运会决赛上因为实力的悬殊输给林丹以外，其他几次世界大赛屈居亚军并不是因为实力上的不足。2011年世锦赛李宗伟将其控网抢攻的打法发挥到了极致，然而在第三局拿到赛点的情况下，被林丹翻盘。同样不可思议的悲剧在伦敦奥运会上再次上演，第三局李宗伟在拿到赛点的情况下，又被林丹逆转获胜，2013年世锦赛由于半决赛与中国选手杜鹏宇大战三局消耗了大量的体力，决赛时面对休赛大半年持外卡参加比赛的林丹时，最终因为严重抽筋再次与金牌失之交臂，2016年里约奥运会李宗伟半决赛苦战三局终于战胜林丹之后，但最终却又输给了中国队另一位选手——谌龙。

羽毛球虽说是属于技能主导类项群，然而李宗伟在技术不输林丹以及谌龙的情况下，与冠军多次失之交臂，不得不归咎于其心理承受能力相对欠缺。竞技体育中获胜需要的是极佳的竞技状态，并最终表现为以较好的竞技能力参加比赛，竞技能力由具有不同表现形式的体能、技能、战术能力、运动智能以及心理能力构成，李宗伟多次在大赛中与冠军失之交臂正是由于构成竞技能力的心理承受能力相对欠缺，在心理压力极大的情况下运动员技术的发挥以及体能各方面均会受到影响，因此，在2011年世锦赛以及2012年奥运会上才会出现被对手林丹逆转的情形。

案例 2-5

丰富的赛前训练内容助白雪柏林马拉松世锦赛顺利夺冠①

2009 年，白雪在柏林举行的世界田径锦标赛中以 2 小时 25 分 15 秒获得了中国队田径历史上第一个奥运会级别的马拉松世界冠军。随后，在广州举行的第 18 届亚洲田径锦标赛女子 10000 米中白雪以 34 分 11 秒 14 的成绩获得亚锦赛万米金牌。白雪在柏林世锦赛赛前 10 周训练课划分为 4 个阶段：高原训练前的平原准备阶段、高原强化训练阶段、下高原后的平原适应阶段以及赛前一周的竞技状态调整阶段。训练思路清晰、层次鲜明、节奏紧密，训练的系统性较强。

准备阶段的主要任务是促进运动员体能完全恢复，加强有氧耐力训练。白雪赛前平原准备阶段分为 4 个小周期共 28 天。在此阶段共完成总负荷量 591. 2 公里，日平均负荷量为 21. 1 公里，身体素质训练 11 次，训练课 59 次，课平均负荷量 10 公里。其中专项耐力节奏课 9 次，专项速度耐力课 6 次。该阶段训练课基本都安排在早操和上午进行。

高原阶段（第二阶段 2009. 7. 6- 8. 3）训练负荷特征，根据柏林世锦赛比赛时间是北京时间下午五点进行，故把专项训练安排在下午进行。白雪高原期间训练分为 4 个小周期，为期 28 天。在此期间总负荷量为 620 公里，日均负荷量为 22. 1 公里，身体训练 15 次，训练课 64 次，课均负荷量为 9. 7 公里。

平原阶段（第三阶段 2009. 8. 4- 8. 9）训练负荷特征，下高原后平原阶段训练的主要任务是利用高原训练效应回到平原强化有氧耐力，提高一般耐力水平。下高原后的平原训练阶段负荷采用的是练一天调整一天的方式，以便机体在得到恢复的同时保证专项强度。

赛前周训练安排第四阶段（2009. 8. 10- 8. 18），赛前一周一般为模拟正式比赛日程的模式训练，其训练安排基本与比赛特点接近，以使运动员在生理和心理上都得到充分的准备。白雪赛前一周共安排 10 次训练课，负荷总量为 145 公里，其中：专项耐力负荷量为 115 公里，负荷强度为目标强度的 98%~102%，占负荷总量的 79%；速度耐力训练为 29. 9 公里，强度为目标强度的 110%~115%，占负荷总量的 21%。

① 爱燃烧．顶尖女子马拉松运动员的训练和备赛［EB/OL］．（2019-09-25）［2020-09-09］．http://iranshao. com/artides/5924-training.

为适应柏林比赛环境，专项能力训练课一般安排在下午进行，训练手段主要为大强度持续跑、间歇跑及短距离冲刺跑。

【案例分析】

白雪在柏林世锦赛成功夺得马拉松冠军，创造了中国马拉松运动的历史。虽然白雪在赛前的准备阶段承受了大量的负荷，但是付出了艰苦的努力，最后的结果是好的，以夺得冠军来证明了自己的竞技价值。白雪以其成功的经历告诉我们，合理地安排赛前的训练，对运动员在比赛时良好竞技状态的形成以及出色的发挥有着至关重要的作用。随着各国对于竞技体育的投入，互联网信息的发展，运动员之间的竞争往往在赛前就已经开始了。白雪的赛前训练计划完美地符合这个属于体能主导类耐力性项群项目的特点，充分提高了她的专项竞技能力，并最终以良好的竞技状态夺得了比赛的胜利。

案例 2-6

符合项目特点的赛前训练内容助王向进破福建省少年纪录①

在福建省第 12 届运动会田径比赛中，少年跨栏运动员王向进以 53 秒 63 的成绩获得 400 米栏冠军，打破省少年纪录，达到一级运动员标准。跨栏比赛，要求运动员流畅地跨过 10 个栏架，不但要表现出极限的强度，发挥自己的最大体能，而且要保持良好的节奏。因此根据比赛特点，正确合理安排训练负荷，对运动员发挥技术水平，取得好成绩是十分有帮助的。

王向进在赛前准备期的训练阶段，在训练的安排上突出专项化的特点，以达到在准备期获得的已提高的整体能力和综合水平向专项方面转化的目的，训练手段逐渐集中，比赛性练习逐渐增多，赛前训练负荷安排上，呈现负荷量度减少，而负荷强度保持不变的赛前减量训练特征。

（一）将赛前的 6~8 周作为一个专门的直接准备比赛阶段，并在此过程中对运动员的生理进行调控和训练，是保证王向进竞技水平提高的有效途径之一，如安排合理，控制得当，可使运动员发挥竞技水平，创造优异成绩。

---

① 姜学洲，周力．对 400 米栏运动员王向进赛前竞技状态的控制［G］. 2003.

（二）建立在对比赛特点和运动员个性分析基础之上的赛前训练指导思想，重点是保证机体和心理恢复，训练仅侧重于薄弱环节的改善，从而求得各因素间的协调平衡，切不可贪大求全。

（三）在赛前准备阶段中，心理训练意义重大，因此，要把握好心理上的调控，一定要在认真分析的基础上因材施教。总的原则是鼓足信心，引而不发，将兴奋性的最佳点表现在比赛上。

王向进省运动会赛前中周期训练计划一例。

周一：上午

1. 慢跑 4000 米，柔韧性、模仿性练习 20 分钟；2. 一般性身体训练 40 分钟。

下午

1. 准备活动 35 分钟，跑步专门练习 20 分钟；2. 抓举：45 公斤×5/2、50 公斤×4/2；

提铃：60 公斤×5/2、80 公斤×5/2、80 公斤×3/2；

深蹲：70 公斤×8/2、80 公斤×6/2、90 公斤×5/2、100 公斤×3/2；

3. 跳栏架：10 栏×8；

4. 放松大步跑：100 米×8。

周二：下午 1. 准备活动 1 小时（包括基本技术练习）；

2. 起跑过栏（400 米栏距离）：3 栏×4、5 栏×2、8 栏×2（突出强度，要求 36 秒左右完成）；

3. 放松整理活动 15 分钟。

周三：上午

1. 准备活动 45 分钟，柔韧练习 15 分钟；

2. 专项身体训练 4 组；

3. 60 米×5 快速后蹬跳；

4. 放松整理活动 20 分钟。

下午

1. 场外匀速跑 40 分钟，柔韧练习 15 分钟；

2. 400 米×1（49 秒 87）。

周四：上午

1. 准备活动 40 分钟；

2. 身体训练 1.5 小时。

周五：上午

1. 准备活动 40 分钟，专门练习 15 分钟；

2. 30 米起动计时×4，60 米起动计时×3（6 秒 63、6 秒 64、6 秒 61）；

3. 反复跑（150 米×2）×2；

4. 整理活动 20 分钟。

周六：上午

1. 匀速跑 20 分钟，柔韧练习 15 分钟；

2. 跨栏基本技术练习 30 分钟；

3. 整理活动 15 分钟。

下午

1. 准备活动 40 分钟，跑步专门练习 20 分钟；

2. 上肢力量（卧推、快速挺举等）；

3. 下肢力量（壶铃蹲跳 15 公斤×20/6 组）；

4. 跨步跳 200 米×5；

5. 整理活动 20 分钟。

周日：积极性休息。

【案例分析】

赛前训练阶段的任务就是将运动员的竞技能力进行整合，促进机体的超量恢复，完善运动员专项水平以及注意运动员心理状态的情况。由上述案例中的运动员赛前训练安排可以看出，赛前训练计划符合 400 米中长跑的专项特点要求，注重训练与实战的结合，并没有一味地只增加强度，同时教练组在对运动员赛前训练周时间的安排上也较为合理，符合中长跑赛前训练时间 8 ~10 周的特点。教练组在赛前对运动员的充分重视使得运动员在比赛中拥有理想的竞技状态并最终获得比赛的胜利。

案例总结

运动员进行长期艰苦的运动训练必须通过参加比赛并最终以优异的成绩获得社会和大众的认可，体现自身的价值。运动员训练过程是由许多个训练单位构成的，高水平运动员在参加重大比赛前会安排一个专门的补充性大周期（赛前减量训练阶段），以期待在比赛中能有更好的表现。拉德克里夫在2002年芝加哥马拉松比赛前的训练计划，并没有像其他运动员那样7天为一个训练周期，她充分结合了自身的特点，制订出更符合自己的8天为1个训练周期的赛前训练计划，循序渐进地增加训练量，并最终取得当年马拉松最好的成绩。林丹在比赛前所进行的训练，都满足专项供能特点，无论是技术还是力量、跳沙坑、跑400米都极具针对性，这也是其多年统治羽坛的原因之一。

运动员在比赛中的表现受运动员竞技状态的影响，当运动员处于最佳竞技状态时便会取得良好的竞技成绩。我国著名田径运动员刘翔在2004年雅典奥运会上的4场比赛，一场比一场好，轻松晋级决赛，并最终获得奥运会冠军。李宗伟在多次大赛中输给林丹的原因之一便是心理素质没有对手林丹好，而心理状态欠佳又会影响到竞技状态，因此，出现了2011年世锦赛以及2012年奥运会均被林丹逆转的情况。

赛前训练内容的安排应有助于运动员在比赛中形成最佳竞技状态。白雪在赛前训练内容的安排上就完美地契合了体能主导类耐力性项目的训练特点，从而帮助她取得马拉松比赛的冠军并创造了中国马拉松运动的历史；福建少年运动员王向进的赛前训练内容的安排也高度符合400米栏的特点，有效地将运动员的竞技状态进行整合，完善了运动员的竞技水平，使王向进打破福建省少年纪录。

CHAPTER 3 第三章

竞技参赛控制理论解析及案例分析

竞技参赛是运动员、教练员及其团队为了在比赛中取得理想成绩，实现竞赛目标而实施的有目的、有计划、有组织的社会活动。这一活动过程不同于运动竞赛中的赛事组织管理，更不同于运动竞赛中的其他衍生活动。在时间维度上，主要是由赛前、赛中、赛后共三个阶段组成。在空间维度上则是由参赛准备、参赛表现和参赛总结与调训三个部分组成。

竞技参赛控制是为了实现参赛目标，对运动员、教练员及其团队全部比赛活动过程中在目标、动机、态度、行为等方面做出的把握①。

通过本章案例分析，以期有助于运动员、教练员及其团队的竞技参赛实践。

案例 3-1

从竞技参赛控制的主体对象观中泰之战失利

2013 年 6 月 15 日 19 点 35 分，合肥市奥体中心，中国国家足球队对阵主要由 U23 球员组成的泰国队。中国队在第 16 分钟和第 23 分钟因为懒散的防守连续丢球，泰国队 2：0 领先。王永珀第 33 分钟将于大宝制造的点球打进，扳回一分。然而，泰国队在第 52 分钟和第 62 分钟连续进球，马苏克最后时刻再进球，最终国足 1:5 输球，遭遇热身赛三连败。泰国 6 年来首次击败中国队，5:1 的比分也创下了泰国队对中国队的最大胜差。

① 田麦久，等．运动训练学［M］．北京：人民体育出版社，2000.

1:5失利酿成惨败的中泰之战，中国足球再一次遭到媒体和球迷的猛烈批评。赛后中国足协表示，已与卡马乔就此终止合作达成共识，但不能将责任简单归咎于教练，不能以此掩饰中国足协的工作不力，掩饰中国足球全方位落后的基本现实，掩饰制约中国足球全面进步的一些基础性、体制性矛盾。

教练员委员会研究认为，比赛失利的原因不是单一的。总体而言，本场比赛的失利，输在思想、态度和作风上。教练团队、运动员、管理团队和中国足协都负有责任。从队伍的训练和临场指挥来看，教练团队对本场比赛失利难辞其咎。从运动队来看，一些运动员缺乏集体荣誉感和社会责任意识，缺乏为国争光的强烈愿望，缺乏良好的职业素养，其表现与职业运动员、国家队队员的身份完全不相称。从国家队建设、足球工作体系建设的角度整体看，中国足协负有不可推卸的管理责任，中国足协向广大球迷和群众诚恳致歉。

必须认识到，中国足球的落后是全方位的，导致这种状况的出现亦是多方面的，这里既有技术层面上的原因，也有管理层面的问题，更有制约中国足球全面进步的一些基础性、体制性矛盾。我们要避免头痛医头，脚痛医脚，特别要警惕重复错误，故态复萌。

中国足协将全面加强国家队管理工作。

一是要完善国家队队员选拔标准。作为国家队队员，不仅注重技术能力和俱乐部表现，更要强调国家意识、集体荣誉、协作能力、拼搏精神等，并将这些作为进入国家队的先决条件，在中泰之战中表现消极的国脚将不会进入东亚杯赛中国队大名单。

二是要加强国家队队员入队教育和日常教育。特别是结合中国足球的发展历程和教训，一方面加强正面教育，如对“志行风格”的宣传教育；另一方面将中国足球特别是国家队的典型性失败案例如“5·19”“6·15”等，作为反面教材，时时警示国家队运动员、教练员和管理人员。

三是在国家队每一场比赛之前，都要进行有针对性、实效性的思想政治教育和战前动员，激发运动员为国争光的责任感、荣誉感，树立每场必拼的信心和决心。

四是要完善国家队教练员选聘条件和程序。吸取教训，组建专业性、代表性强的选帅团队，建立科学、民主、透明的选帅程序并严格执行，加强对教练员的考察、跟踪、问效、问责，加强决策的科学性。

五是要完善教练员聘任合同，特别是对教练员责任、执教效果和成绩、解约条件、薪酬条款等关键内容，要认真研究，杜绝合同漏洞和法律风险。

六是要加强复合型教练员团队的建设。尤其要重视中、外教练团队的协调配合，形成优势互补，防止管理的缺位和失位。

【案例分析】

可以看出中泰之战失利与运动员、教练员及其团队都有关联，竞技参赛的主体应该是以运动员为中心，包括教练员及其团队组成的竞技团队。尽管竞技参赛是通过运动员在竞技场上的竞技行为来完成的，但教练员及其团队，包括技术保障、后勤保障、医疗保障等都有着密不可分的关联。因此，运动员、教练员及其团队都是竞技参赛活动的主体，也是竞技参赛控制的对象。

案例 3-2

中国队第 8 次蝉联亚运会奖牌榜榜首——实现预定参赛目标①

中国体育代表团团长、中国奥委会副主席段世杰在 2011 年 11 月 27 日召开的新闻发布会上表示，中国代表团连续第 8 次蝉联亚运会金牌和奖牌榜榜首。

第 16 届亚运会是历史上设项最多、参赛人数最多的一届，是亚洲各国、各地区体育运动发展水平的一次集中展示。在本届亚运会上，中国体育代表团充分展示了中国体育的竞技水平和中国体育健儿的精神风貌，圆满完成了参赛任务，实现了预定的参赛目标。截至 11 月 27 日上午，中国体育代表团已经获得 198 枚金牌，118 枚银牌，98 枚铜牌，奖牌总数 414 枚，第 8 次蝉联了亚运会金牌和奖牌榜首位，取得了参加历届亚运会的最好成绩。在举重、射击、游泳、自行车等项目比赛中，共有 1 人 2 次超 2 项世界纪录，1 人 1 次平 1 项世界纪录，6 人 9 次创 8 项亚洲纪录。

① 王继晟．中国第 8 次蝉联亚运会奖牌榜榜首，备战奥运形势仍严峻［EB/OL］.（2010-11-27）［2020-09-09］. http://news. cntv. cn/20101127/107857. shtml? ptag=vsogou.

案例 3-3

2008 年北京残奥会中国代表团圆满完成预定参赛目标[①]

“总体来看，2008 年北京残奥会中国体育代表团圆满完成了预定的参赛目标，实现了运动成绩和精神文明的双丰收。”中国体育代表团执行副团长、中国残疾人联合会体育部主任贾勇在 2008 年 9 月 17 日北京残奥会主新闻中心举行的新闻发布会上介绍。

贾勇说，从 9 月 7 日到 17 日，中国代表团 332 名运动员参加了全部 20 个大项的比赛，运动员发扬了自强不息、奋勇争先的精神，赛出了水平和风格，到 9 月 17 日上午 10 点，共获金牌 87 枚，银牌 68 枚，铜牌 52 枚，奖牌总数达到 207 枚，蝉联金牌榜和奖牌榜第一，实现了历史性的新跨越。

贾勇说，中国体育代表团本次参赛体现了以下几个特点：

一是获金牌和奖牌的数目增加，获奖面拓宽。中国体育代表团所获金牌大项已由雅典残奥会的 9 个扩大到 11 个，有 12 枚金牌是中国残奥史上从未获得过的，如赛艇、盲人门球、竞速轮椅，这些都反映了中国残疾人体育整体实力的全面提升。

二是优势项目继续保持领先地位。我国在田径、游泳、乒乓球、举重等项目上继续保持优势。4 个项目金牌数量分别是 37 枚、13 枚、13 枚和 9 枚，占代表团金牌总数的 82.8%。

三是潜在优势项目成绩突出。盲人柔道、射箭、轮椅击剑等项目获得金牌数较上届有较大提高。

四是集体项目整体水平取得重大突破。集体项目除坐式排球女队外均为第一次参赛，盲人门球男女队分获金、银牌，坐式女排五战五胜，坐式男排也打出历史最好水平。

五是赛艇项目取得重大突破，组队两年，就夺得一枚宝贵金牌；田径轮椅竞速队异军突起，勇夺 10 枚奖牌并打破 9 项世界纪录；马术运动员在 40 多名参赛选手中获得第 6 名；帆船、硬地滚球队首次亮相也有不俗表现。

---

① 陈丽平. 残奥会中国代表团圆满完成预定参赛目标，运动成绩精神文明双丰收 [EB/OL]. (2008-09-18) [2020-09-09]. https://news.sohu.com/20080918/n259616454.shtml.

【案例分析】

从案例3-2和案例3-3来看，无论是亚运会还是北京残奥会，经过层层的设计、把控，最终得以实现其预定的参赛目标。我们知道竞技参赛过程本身就是一个极其复杂的过程，在竞技参赛过程中，任何一个环节都有可能因为角色、环境、风险、不可抗力等各种因素而受到影响，使阶段性和总目标有所偏差，这时，就需要对其进行修正和控制，努力实现参赛的总目标。竞技参赛控制的意义之一是实现竞技参赛预定目标。

案例3-4

程序化参赛个案——付文国备战东营马拉松

2014年东营国际马拉松即全国马拉松锦标赛第3站于5月1日上午8时在东营开赛，付文国（个人信息如表3-1所示）以2小时29分18秒完成比赛，完成了赛前制定的2小时28分至30分的参赛目标①，具体程序化参赛方案如表3-2所示。

表3-1　付文国个人信息

姓名	出生年月	性别	民族	身高/cm	体重/kg	训练年限
付文国	1989. 9	男	汉	162	52. 4	6

表3-2　赛前、比赛当天的程序化参赛方案

项目	时间	内　　容
比赛物品准备	21：00	比赛前一天晚上，把比赛所需要物品一应准备齐全
起床	5：20	准时起床，洗漱，检查比赛物品
用餐	5：30	教练员陪同运动员一同前往餐厅吃早餐，注重碳水化合物的摄入，以清淡易消化食物为主，食用牛奶、牛肉要谨慎

① 史继祖．马拉松运动员程序化参赛个案分析——以付文国备战东营马拉松为例［J］．当代体育科技，2014，4（33）：235-237.

续表

项目	时间	内　　容
出发	6：30	教练员、运动员共同乘车前往比赛地点。教练员检查运动员是否带齐应带比赛物品：①比赛鞋；②号码布；③芯片；④身份卡；⑤雨衣。工作人员检查自己需要携带的物品包括：手机、身份卡、创可贴、浴巾
抵达	6：50	到达比赛场地后在适当地方设立一个大本营作为运动员的集中点。由教练员负责看管运动员的衣物等比赛物品
准备活动	7：00-7：45	教练员监管运动员认真做好准备活动，确保身体各个部位都充分活动开。准备活动内容包括：跑、一般伸展练习、加速跑、专门性伸展练习。准备活动期间，教练员要提醒运动员到检录处检录
上场前准备	7：45-7：55	上厕所、擦凡士林、检查鞋带、计时芯片、号码布、准备墨镜、帽子、冰袋等
集合	赛后	教练员、运动员向终点会合，大本营人员负责运动员到达终点后的服务
退还芯片		运动员到指定地点取衣服，退还芯片
总结		教练员、运动员和有关人员进行总结，查找问题，提出改进建议

案例 3-5

国家皮划艇队——凸显竞技参赛过程的多方协调与精细运行[①]

由杨桦主编的《我国奥运会备战参赛的理论与实践（下）》中，介绍了在2002年和国家皮划艇教练员一道共同研究了皮划艇项目参赛的流程（表3-3），并通过亚运会、世界杯和世界锦标赛等多次国际比赛以及全国锦标赛的运用，都取得了足够的经验，这一程序在2004年雅典奥运会中取得了成功。

① 杨桦．我国奥运会备战参赛的理论与实践（下）［M］．北京：中国法制出版社，2012.

表 3-3　国家皮划艇队程序化参赛流程表

第一阶段 赛前程序化准备模式	1. 赛前训练突出实战、突出强度、促进竞技状态形成
	2. 赛前模拟训练和比赛，注重首场成功和稳定发挥，建立自信
	3. 自下而上制订方案、细化环节、制订预案、强化团队心理
	4. 参赛的程序化动员，由浅入深，由外向内，由技术到体能
第二阶段 运动员程序化动员模式	5. 拉伸 10 分钟
	6. 划 5~6 公里，最后 250 米 3~4 级强度
	7. 拉伸 10 分钟
	8. 跑步 3 公里，最后 800 米 4 级强度（1000 米比赛前）/400 米 4 级强度（500 米比赛前）
	9. 划向起点（20~22 分钟，1000 米比赛前；18~20 分钟，500 米比赛前），做 2~3 次起航和加速（每次不超过 10 秒最高强度）
第三阶段 主动恢复	10. 比赛结束后将放松划 3 公里，强度控制在 40%~60%，上岸后拉伸 10 分钟

【案例分析】

竞技参赛控制的意义之一是实现竞技参赛过程的多方协调与精细运行，如案例 3-4 与案例 3-5。当今竞技体育领域，现代化的训练手段方法、科学的组织管理、信息的沟通与共享都使得竞技场上的争夺日益激烈，从而也导致运动员取得理想成绩的不确定因素日渐增多。教练员、运动员唯有加强对整个参赛过程的多方协调与精细运作，方能达到控制的目的，提升运动员参赛的绩效。

任何一项赛事都既有其稳定的时空表征，如竞赛日程、规程、规则、途径和方式，也有许多变化因素。无论是赛程确定，还是赛事安排；无论是竞赛规则，还是竞赛规程，都会对竞赛的内容、方法，还有对竞技体育从业人员所有活动产生影响。竞技参赛活动的复杂性要求运动员、教练员及其团队既要处理好内部人员的工作协调，又要处理好他们与外界，诸如与裁判员、对手、观众等各方面的协调。参赛活动中，各方协调一致地运行可以避免风险的发生，或者是减少自己的失误，进而避免损失的出现。

复杂的竞技参赛活动不仅需要运动员、教练员及其团队各方的协调，而且也要求竞赛活动精细化地运行。目前国内较为流行的“程序化参赛”或称“个性化参赛”方案，就是我国部分优秀运动队在长期的训练竞赛实践中，摸索出来的一套根据项目特征、运动员特征、赛事特征以及环境特征制定出来的，旨在规范某一赛事过程中运动员行为的参赛工作流程。

当然，赛前制订的程序化参赛或个性化参赛方案只是一种预案，赛事进程中不可预测的变数会影响参赛各方，尤其是参赛主体对竞技参赛的控制不仅要遵循预案，更重要的是要在赛事过程中灵活与适时地应对与调控。

案例 3-6

竞技参赛控制使老将德罗巴竞技状态依旧

德罗巴 1978 年 3 月 11 日出生于科特迪瓦阿比让。由于面相凶悍，且喜攻城拔寨，故被人们冠以“魔兽”的称号。5 岁时德罗巴随他的叔叔去法国，由于叔叔曾经是一名足球运动员，德罗巴在叔叔的影响下也逐渐踏入足球这片领域。凭借自己先天的身体素质和后天的不断努力，德罗巴一步一个脚印，逐渐在法国赛场打出了自己的名声。2003 年加盟法甲劲旅马赛队，联赛中打入 18 球，杯赛中在不被看好的情况下帮助球队打入欧联杯决赛，该赛季德罗巴成功当选法国足球先生。

2004 年德罗巴加盟英超豪门切尔西队，由于身体强壮，德罗巴在对抗激烈的英超赛场上头顶脚踢，丝毫不落下风。切尔西也在德罗巴加盟后拿到了久违的联赛冠军，国内各项杯赛中切尔西亦将利物浦、阿森纳等劲敌斩落马下，不断改写着各项赛事纪录。2012 年欧冠决赛，德罗巴在点球大战中最后一个出场并罚入点球，帮助球队在欧冠历史上实现了“零的突破”，同时这也是德罗巴职业生涯里第一次获得欧冠冠军，功成名就的他随后选择了离开。3 次英超冠军、4 次足总杯冠军、2 次联赛杯冠军、1 次欧冠冠军，这是德罗巴为切尔西做出的巨大贡献，可以说没有德罗巴，切尔西也就无法取得如此辉煌的成就。离开切尔西后，德罗巴辗转中国与土耳其赛场，继续保持自己的竞技状态以及对足球的热情。2014 年，已满 36 岁的德罗巴再次回归切尔西，与球队签约一年，作为一名高龄替补，德罗巴仍尽职尽责，在球队需要他的时候依然能够出色完成任务，赛季结束后德罗巴收获了联赛以及联赛杯两大冠军，为自己的切尔西生涯画上圆满的句号。

【案例分析】

竞技参赛控制的训练学意义之一是促使运动员、教练员在比赛中表现出良好的竞技状态。教练员促进运动员保持已经获得的良好竞技状态，或者对未能形成适宜竞技状态的运动员给予调整。

竞技状态主要是对运动员竞技能力状态、心理生理现实状态的描述。由于运动员、教练员是参赛的主体，所以说在竞技参赛过程中的竞技状态包括运动员的竞技能力表现和教练员的临场发挥能力。这种竞技能力状态、生理心理的状态既具有相对的稳定性，也具有特定条件影响下的易变性，表现出动态的特征。

竞技状态是动态的，也是可以调控的。无论是在赛前还是赛中，运动员都可以通过教练员和自身的主动控制，在参赛行为上，诸如目标调整、角色定位、动机激发、环境调适、风险规避、变异应对等宏观策略，体能分配及其节奏把握、技战术运用与组合变化等微观策略，来实施对竞技状态的控制。

案例中的老将德罗巴正是通过竞技参赛控制使其竞技状态保持较长时间的最好体现。

案例 3-7

运动员竞技参赛价值观最好诠释——女排精神！①

只要穿上带有中国国旗的球衣，就是代表祖国出征。每一次比赛，我们的目标都是“升国旗，奏国歌！”升国旗，奏国歌！短短六个字，铿锵有力，言简意赅，点燃了国人的骄傲和信心。郎平的六字宣言，是她的底气，是她的自信，更是女排百折不挠的精神。而这份坚定，全都来自于实力。

1960 年郎平出生于天津，由于受自然灾害等诸多因素的影响，她家的经济条件很差，母亲只能用小米粥为她补充营养，导致郎平的身体十分虚弱。因为父亲是个体育迷，小时候一有机会，父亲就带着郎平到附近的北京工人体育馆去看比赛，受父亲的影响，郎平从小就喜欢体育，其中最喜欢的便是排球。枯燥、乏

① 表格时光. 有种坚持叫郎平，有种精神叫中国女排！我们的目标：升国旗奏国歌［EB/OL］.（2019-09-23）［2020-09-09］. www. yidianzixun. com/article/ONLbcNpa.

味的训练，也曾让郎平心生动摇，但是她始终不愿意放弃，硬是咬着牙坚持。

所有人都选择知难而退，唯有她孤身一人逆流而上，而且比别人加倍努力。参加训练的时候，她完全没有一般女生的娇气，敢于摔打拼杀，常常弄得一身泥土甚至浑身是伤，练习接球时，双臂常常被打得又红又肿，练习传球时，常常被球砸到头砸到脸，流鼻血都是家常便饭。因为每天长时间地奔跑跳跃，她脚上的鞋几乎一个月穿破一双，同学们常常开玩笑说："郎平，你的球鞋又露脚趾头了。"正是在这种"自讨苦吃"的执着下，在这种不畏难、不怕苦的超强意志力下，她逐渐脱颖而出，进入了日思夜想的北京队。

1978 年，18 岁的郎平参加全国排球甲级联赛时崭露头角，被教练袁伟民看中选入国家队。进入国家后郎平如鱼得水，技术越来越娴熟，很快便被委以重任。1981 年，第三届世界杯排球赛，最后一站将要对战当时世界顶级强队，有着"东洋魔女"的东道主日本队，担任中国队主攻手的郎平，连续重扣得分击败对手。中国首次登上了世界冠军领奖台，举国沸腾。1 米 84 的郎平，是当年中国女排第一高度，她身体素质好，弹跳力强，扣杀威力大，出色的高位拦网和落地开花的扣杀技术，让她被誉为"世界三大扣球手"之一，也凭借强劲而精准的扣杀被人称为"铁榔头"。首次夺冠后，她作为中国女排核心队员，和其他队员愈战愈勇，一路厮杀，连下数城。1982 年秘鲁女排世锦赛，战胜东道主队伍获得冠军；1984 年洛杉矶奥运会，完胜美国队夺得第一块女排奥运金牌；1985 年中巴大战，斩获世界杯冠军；1986 年在困难重重中 8 战 8 胜，成就了"五连冠"传奇。当"义勇军进行曲"一次又一次地在异国他乡响起时，那种自豪感和荣誉感席卷着每个人的细胞，爱国热潮不断放大。一时间，中国女排火遍大街小巷。

但是，运动员的职业寿命是短暂的。1986 年，26 岁的郎平宣布退役，而后前往美国求学。很多人认为她是怕退役后被国家"亏待"，却不知道她正是因为国家和球迷对她太好，才想走出去看看。她的想法很简单，出去一两年，学学语言、开开眼界，因为当时女排的影响力太大，即使她已经退役了，她的一举一动依然受到万众瞩目。去趟超市被路人围住要签名，看场电影被认出后闹得沸沸扬扬。如果一个人时常待在荣誉之巅，就会忘记身处平地时真实的自己。她想走出舒适区，接触真实的世界，一切清零。她说："我不能躺在'冠军'的奖杯上吃一辈子老本，不能天天坐在荣誉上。世界冠军只说明我的过去，而一旦从女排的队伍中退下来，我什么都不是，我得重新学习本领，我得重新开始生活，必须把自己看成一无所有……”当卸下一身荣誉光环，来到异国他乡，从一个家喻户晓的体育明星到街头人人不识的普通人，加上语言不通，孤立无援，生活落差之大远超她的想象。当时摆在她面前的第一个难题是穷，学费很贵。为了能免费读书，她去大学排球队做助教。郎平说：“说是做助教，其实就是哄着一些水平很差的队员。一开始我心里很难接受：我是世界冠军队队员，跑到这儿来哄一群几乎不会打球的大学生。但我不得不说服自己：你来美国，就是找颠覆来的。”为了赚取生活费，一个夏天，她给十个夏令营做教练，教孩子们打排球，从早忙到晚，常常累得胳膊都抬不起来。每天的午饭，她都舍不得去学校食堂或麦当劳吃，为了省钱，她自己做三明治带饭。去超市买点沙拉酱、洋白菜、西红柿、火腿，再买两片面包一夹，这样，花五六美元，一顿快餐的钱，她可以吃一个星期。以至于吃到后来，一见到三明治就想吐。一次郎平回国，当其他女排老队员都已经成为处长、主任级别的时候，郎平却依然还是一个穷学生。

所有的付出都是有回报的，虽然有时候成功会来得慢一些，我们要等等它。边工作边学英语，最终郎平以560分的托福成绩，通过了语言关。又经过严格的考试，成为新墨西哥大学体育管理专业的研究生。毕业后，为了维持正常生活，更为了证明中国运动员的价值，她四处找工作，终于有一个意大利女排俱乐部聘请她担任球队的主教练。凭着扎实的技术功底，郎平帮助俱乐部球队取得了一次又一次胜利，年薪甚至达到20万美元。

当她在职业教练的道路上走得越来越顺遂的时候，大洋另一边的中国女排却深陷低谷之中，不仅丢掉了亚洲冠军，世锦赛也落到了第八，光环丢失，成绩一落千丈。这时，国内球迷想起了郎平，呼吁她回国执教的呼声此起彼伏，居高不下。国家领导正式向郎平发出邀请，面对国家给出的月薪3000元，郎平毫不犹豫放弃了年薪20万美元的工作，不顾丈夫劝阻，毅然回到祖国，执教国家队。

1995年2月，35岁的郎平临危受命，选择回国，当她抵达首都机场时，各界媒体蜂拥而至，举国上下密切关注着她的回归，对她寄予厚望。而此时，郎平已经是一个妈妈，要回国执教，势必要和家人分开。年幼的女儿因为想念妈妈，每天晚上都要给郎平打电话，不知越洋电话费用昂贵的女儿，一打就是一个小时，郎平每个月3000元的工资刚好够付电话费。强忍着对家人的思念，郎平几乎把所有的时间都投入到紧张训练中。1996年，在亚特兰大奥运会上，郎平率领中国女排成功闯入决赛，与实力最强的古巴队交手，最终以微弱分差落败，获得亚军。因为与丈夫长时间分居两地，奥运会比赛前，郎平与丈夫签了离婚协议书，在国家荣誉和陪伴家人面前，她不得不舍弃家庭。眼见中国女排日渐崛起，郎平总算没有辜负国家和球迷交给自己的任务，可以功成身退。

1999 年，郎平因身体原因辞去了国家队主教练职位。此后她担任意大利俱乐部主教练，屡创佳绩，2005 年被聘为美国女排主教练，并带队夺得北京奥运会银牌。但是郎平执教美国，却在国内引起了一些争议，有人诋毁，有人吐槽，说她怎么能教美国队？这是一种背叛！对此郎平回应道："我执教美国，绝对不是为击败中国队。我是作为一名职业教练接受这份工作的，我希望能为排球事业做点贡献。"她最想对国内球迷说的话是："郎平是属于中国的。无论走到哪里，我时时刻刻记得，我是一名中国人。"她是这样说的，更是这样做的！不管身在何处，只要国家需要她，哪怕远隔千里，哪怕再多名利挽留，依然会不顾一切站在祖国这边，若有需，招必回！2012 年伦敦奥运会，中国女排获得第五，再度陷入低谷，球迷像上次一样，依然把所有的希望寄托在郎平身上，请她归国执教的呼声再起。

2013 年，郎平重掌女排帅印，中国女排也开始了新的征程。在继续发挥惠若琪、魏秋月等名将作用的同时，她不顾非议，先后大胆调入朱婷、袁心玥、张常宁等年轻球员进行重点培养，塑造新一代女排铁军。郎平不仅教她们排球技巧，更教她们坚持不懈的精神，她说："最不怕的就是困难，迎困难上！"传承了女排精神的姑娘们，犹如虎狼之军，横行天下，一出手便震动世界。2014 年夺得世锦赛亚军；2015 年世界杯以 10 胜 1 负的成绩，在时隔 11 年后重返世界之巅；2016 年里约奥运会，中国女排在先输一局的情况下加强发球和拦网，连扳三局以 3∶1 逆转获胜，时隔 12 年后中国女排再度荣获奥运冠军。

郎平也成为历史上第一个作为球员、教练员都能拿到奥运金牌的人。在夺冠那一瞬间，举国欢庆，这 12 年到底走得有多艰辛，只有女排自己知道。肩上背负着多少人的期望，外界给了多么大的压力，她们赢了，不仅仅是靠实力，更是靠继承着上一辈的女排精神，"在逆境中去拼搏，不畏强敌，去战胜困难，然后赢得胜利"。这一切荣耀的背后，郎平功不可没。没人知道她身上到底有多少伤，没人清楚她动了多少次手术，更没人知道在成百上千的日日夜夜里她是如何咬牙坚持下来的。全靠不服输、不认输、不妥协的毅力，支撑她陪伴女排一路走来。就像她说给低迷期的中国女排的那句话：有时候知道不会赢，也竭尽全力。

【案例分析】

每个运动员、教练员及其团队成员都会因为自己从事的工作而形成一定的价值观。运动员竞技参赛的价值观不仅对其参赛的态度和动机产生影响，也对参赛行为产生影响。运动员参加竞技运动、参加训练与比赛，常常始于儿童少年时代的运动爱好，热衷于对优秀选手的崇拜，激励于初始竞技的成就。竞技运动对于他们来说，是青春，是荣誉，是快乐。而当他们进入优秀选手的行列，佩戴国徽来到国际赛场时，竞技的价值就不再那么单一了，他们必须参与其中，把竞技体育的一部分社会功能承担起来。为了国家的荣誉而训练，为了民族的振兴而拼搏，对于他们已经不再仅仅是空洞的口号，而化为了实实在在的训练和竞赛，化为了每一次挥拍、每一次起跳，为国争光和个人名利追求的强大动力，激励着运动员刻苦训练，要求运动员敬德遵纪、规范自己的竞技行为，鼓舞着运动员顽强奋战于赛场。

案例 3-8

默契配合——纳达尔/洛佩兹夺冠①

北京时间 13 日上午，2016 年里约奥运会网球男子双打决出金牌，西班牙组合纳达尔/M-洛佩兹以 2∶1 战胜罗马尼亚组合梅吉亚/特卡乌获得冠军，三盘比分为 6∶2、3∶6、6∶4。

首盘前四局，双方各自保发战至 2 平，之后西班牙组合发力，连保带破取得 4∶2 的领先。纳达尔/M-洛佩兹越打越顺，再次连破带保后，轻松地以 6∶2 拿下首盘。

第二盘，开局互相保发后，罗马尼亚组合渐渐进入状态，他们连保带破，取得 4∶1 的领先，虽然纳达尔组合挽回一局，但梅吉亚/特卡乌在自己的发球胜盘局连得 5 分，以 6∶3 扳回一盘。

第三盘双方陷入恶战，前四局双方战至 2∶2 平。之后纳达尔组合虽然出现波

① 新浪体育 . 奥运会纳达尔搭档同胞男双夺冠 集齐单双打金牌［EB/OL］.（2016-08-13）［2020-09-09］. http://2016. sina. com. cn/zq/2016-08-13/doc-ifxuxnah3430357/. shtml.

动落后，但他们很快破发，将比分追成4:4平。之后，纳达尔/M–洛佩兹一鼓作气，以6:4拿下第三盘，夺得男子双打的冠军。

案例 3–9

刘国梁与张继科的赛场互动——“醒醒啊，这是奥运会”

相信喜欢国乒的人对刘国梁这句话一定印象深刻，“醒醒啊，这是奥运会。”2016年里约奥运会，男单1/4决赛中国球员张继科遭遇日本选手丹羽孝希。首局张继科以5:11失利，当时任总教练的刘国梁没有给失利的张继科布置任何战术，只是说了以下令人记忆尤深的话：“这样打肯定不行啊，一定要醒醒！别懵了，在场上不能懵！得兴奋起来，这是奥运会！开始了，明白吗？”

醒过来之后的张继科在第二局7连扣扣哭对手，让对手产生了一种自己在打羽毛球的错觉。随后以总比分4:1赢下比赛成功晋级。

案例 3–10

举重亚锦赛中竞争对手之间史诗般的对决，力与美的诠释①

4月23日进行的举重亚锦赛女子59公斤级成为开赛以来中国选手参赛级别里第一个“失守”总成绩冠军的级别，却无碍它成为一场史诗般的对决，郭婞淳和陈桂明合力展示了举重的激情，诠释了何为力与美的结合。

2018年阿什哈巴德世锦赛，两人的对决就火花四溅。郭婞淳创造抓举和总成绩世界纪录，陈桂明则抢走了挺举世界纪录。2019年2月福州世界杯上，陈桂明刷新了自己保持的世界纪录，当时她的状态极佳，慨叹没能再度和郭婞淳同台较量。可惜那次比赛后，陈桂明受到伤病困扰，时隔两个月再次出战亚锦赛，连续作战也带来了疲劳，使陈桂明不在最佳状态。

赛前陈桂明发了一条朋友圈，说自己准备好去“打酱油”。尽管如此，本场她在自己的弱项抓举上有了进步，三把试举全部成功，这种百分之百的成功率很

① 袁雪婧．举重亚锦赛 央诗般的对决 力与美的诠释［EB/OL］.（2019–04–24）［2020–09–09］. https://sports.people.com.cn/n1/2019/0424/c412458–31047576.html.

久没有出现过了。“最近膝关节有伤病，世界杯比赛后持续生病，没有办法系统训练，所以开把也很低，想的也是稳着走。赛前自己的心态就调整得很好，没有想太多。”对于郭婞淳这位强大的对手，陈桂明非常欣赏。“今天我把近期最好的训练水平发挥出来了，挺满意的。对手恢复得比我想象还快，虽然我在候场没有看到她的试举，但是听到挺举分腿的声音感觉每一把都很轻松。”这次输了比赛，但陈桂明没有输掉信心。“我依然对自己有信心，前一段训练不系统还能举成这样，反而给自己增加了信心。”

郭婞淳在比赛中四次打破三项世界纪录，用绝对强势的表现“霸占”了59公斤级世界纪录栏，赛后她却只给自己打75分。“我觉得还有空间，今天给自己75分。”郭婞淳表示，赛前没去想破纪录，想的就是把每一把都做好。三项纪录不是她的极限，还要精益求精。“最近在体能方面有加强，因为左膝之前有伤，所以着重于加强左边的肌肉力量。可能在技术上有一点忽略，教练刚才也说我在一些细节方面没有做好。”

一个伟大的对手，能激励自我，也催人奋进。因为郭婞淳的存在，陈桂明每天都会向着更好的自己进发。

【案例分析】

参赛过程中运动员的互动有两种基本形式：第一，参赛方成员的内部互动，例如，案例3-8中的纳达尔与其队友洛佩兹，案例3-9中的张继科与其教练刘国梁。第二，不同参赛成员之间的外部互动，例如，与竞争对手（如案例3-10）以及裁判员、观众等的互动。

运动竞赛就是为运动员进行互动提供的一个平台。在这个平台，运动员自身是为了参与比赛的基础体系，即竞技能力结构内部各要素之间要进行互动，继而达到一个整合（比运动训练的整合更明确）的状态。首先是适应外界的刺激，其次是运动员通过整合竞技能力来与对手、与其他可能影响和作用竞技实力发挥的一切环境进行互动。在这样的一个双重递进互动中，运动员的认知水平和行为方式就决定了竞技实力最后的表现结果①。

① 田麦久，熊焰．竞技参赛学［M］．北京：人民体育出版社，2011.

案例 3-11

施廷懋实现女双 3 米板十连冠①

当 27 岁的施廷懋携手 28 岁的王涵站上女子双人 3 米板赛场时，放心就是大家最大的心声。2019 年 7 月 15 日，在光州游泳世锦赛女子双人 3 米板决赛中，施廷懋/王涵以 342.00 分的本赛季最佳成绩夺冠，也帮助中国跳水“梦之队”实现在这一项目上的十连冠。女子双人 3 米跳板一直是“梦之队”的拳头项目，当接力棒传到施廷懋手中时，金牌依旧从未旁落。这是施廷懋的第 5 次世锦赛之旅，也是她的第 7 枚世锦赛金牌。在这个项目上，施廷懋身旁的搭档从吴敏霞到昌雅妮，再到从去年 11 月开始搭档的王涵，她们都一直稳稳霸占最高领奖台。

这一次的决赛，施廷懋/王涵一路领先，最终超越亚军加拿大组合 30.90 分之多。她们最大的对手是自己，与预赛相比，两个人不断完善动作，提升完成质量，“没有最好只有更好”也许是对她们最好的诠释。

【案例分析】

运动员要学会处理“力拼”与“力保”之间的关系。角色定位包括成绩取向定位和比赛中个人在运动队中任务的定位，一般分为“检查自我”和“拼对手”的角色定位，如案例 3-11 中，施廷懋和王涵认为她们最大的对手是自己，与预赛相比，两个人不断完善动作，提升完成质量。

案例 3-12

2019 年多哈田径世锦赛中国实现参赛目标②

随着象征赛事举办权的接力棒传递到美国尤金田径世锦赛组委会代表的手中，2019 年多哈世界田径锦标赛大幕正式落下。在本届世锦赛上，中国队创造

---

① 李雪颖．实现女双 3 米板十连冠 没有最好只有更好［EB/OL］.（2019-07-16）［2020-09-09］. https://sports. people. com. cn/n1/2019/0716/c412458-31236603. html.

② 吴俊宽，刘宁，马向菲．2019 年田径多哈锦赛：美国继续一家强大 中国创 26 年来最佳［EO/OL］.（2019-10-08）［2020-09-09］. www. chinanenws. com/ty/2019/10-07/8972602. shtml.

了26年来的最佳战绩，金牌数、奖牌数和团体总分全面超越上届。美国队则继续占据着世界田坛霸主地位，在奖牌榜上遥遥领先，傲视群雄。

本届世锦赛设置49个项目，共有43个国家和地区的代表队收获奖牌，其中美国队以14金11银4铜的成绩在奖牌榜上高居首位，排在第二位的肯尼亚只有5金2银4铜。

美国一家独大

纵观美国队在本届世锦赛上的表现，传统优势项目"短跨跳"和接力依旧是他们争金夺银的主要领域。本届世锦赛上诞生的两项世界纪录全部由美国选手创造：女子400米栏决赛中，奥运冠军穆哈迈德以52秒16的成绩夺冠，将自己保持的世界纪录提升了0.04秒；新设立的男女4×400米混合接力项目，美国队预赛和决赛派出全然不同的两套阵容参赛，两组人马先后创造世界纪录，最终以3分09秒34的成绩夺冠。

此外，在投掷和中长距离项目中，美国队此次也颇有斩获，其中包括女子链球、男子铅球、男子800米项目的金牌和女子3000米障碍、女子800米、男子铅球项目的银牌，以及女子800米铜牌，展现出美国田径强大的综合实力。

中国实现参赛目标

两年前的伦敦世锦赛上，中国队获得2金3银2铜共7枚奖牌，总分得到81分。此次参赛中国队提出了金牌、奖牌、总分全面超越上届的目标。经过10个比赛日的激烈争夺，中国队在多哈斩获3金3银3铜，总分达到99分，在奖牌榜和总分榜上均排名第四，圆满完成"全面超越"的目标任务，这也是中国田径继1993年斯图加特世锦赛之后创造的最佳战绩。

梁瑞、李毛措在最为艰苦的女子50公里竞走比赛中经历四个多小时鏖战，最终收获金、银牌，为中国队取得开门红。随后的女子20公里竞走，参赛的四名中国选手更是气势如虹，在比赛大部分时间保持领先，刘虹、切阳什姐和杨柳静史无前例地包揽该项目前三，展现了中国女子竞走在世界赛场上的强大实力。

哈里发体育场内，巩立姣成功蝉联女子铅球冠军，刘诗颖、吕会会在女子标枪比赛中斩获银牌和铜牌，名将王峥在女子链球比赛中勇夺铜牌。

此外，男子4×100米接力打破全国纪录，成功锁定东京奥运会直通资格；女子4×100米接力也在时隔22年之后首入世锦赛决赛；谢震业闯入男子200米决赛，创造中国田径历史；男子 110 米栏名将谢文骏实现个人突破，在自己的第四届世锦赛之旅中首次进入决赛。

在奖牌与突破之外，中国田径也暴露出一定的问题和隐患。所获 9 枚奖牌均来自竞走和投掷项目，并且全部由女子选手获得，项目偏科和女强男弱的问题比较明显。在跳跃项目中，中国选手表现沉寂。而曾经的优势项目男子 20 公里竞走，中国队已无优势可言，并且面临着日本选手的集体强势崛起，东京奥运会想要蝉联该项目金牌难度不小。

案例 3-13

中国选手李孔超——自己给自己定目标[①]

洛桑冬青奥会短道速滑项目 2020 年 1 月 18 日开赛，男、女 1000 米的金银牌均被韩国选手收入囊中，中国选手李孔超摘得男子 1000 米铜牌。

李孔超一路以第 1 名的身份顺利晋级四分之一决赛、半决赛、决赛，决赛中遭遇韩国选手张成宇、李正民及美国队的乔纳森。李孔超中途曾保持领滑，但后半程被韩国选手超越，最终他以 1 分 33 秒 851 第三个冲过终点。张成宇、李正民分别以 1 分 33 秒 531 和 1 分 33 秒 646 列前两名。

另一名中国小将张添翼在四分之一决赛中正是与这两名韩国选手同组，排名第三无缘半决赛。

赛后李孔超看起来很遗憾，他表示基本发挥出了自己的正常水平，但对结果并不满意，有些可惜。

17 岁的他此前已经代表中国队参加过短道速滑世界杯，两者相比较，他表示："冬青奥会和世界杯很不一样，感觉对手没有世界杯实力那么强，战术等都需要重新计划。"至于本次参赛目标，他说："教练不给我定目标，我也会给自己定，就是拿金牌嘛。"

李孔超曾在 2019 年的国家队直通国际比赛选拔赛 500 米比赛中战胜过武大靖。相比 1000 米，他表示 500 米才是自己的最强项，"我要把身体状态调整到最好，迎接 500 米比赛"。

---

① 丁文娴，林德韧．冬青奥会短道赛场韩国强势 李孔超摘铜［EB/OL］.（2020-01-19）［2020-09-09］. http://sports.xinhuanet.com/c/2020-01/19/C1125479321.htm.

案例 3-14

王峥制定稳中求胜参赛目标——以个人赛季最佳成绩获冠军①

76.26 米，来自八一南昌队的名将王峥以个人赛季最好成绩夺得了 7 月 10 日进行的 2019 年全国田径锦标赛女子链球比赛的冠军，延续本赛季优异表现的同时，也为自己备战接下来的田径世锦赛增添了信心。

1987 年出生的王峥是田径赛场上一名不折不扣的“老兵”，2017 年摘得世锦赛银牌后，在 2018 年遭遇了一个小小的低谷。就在人们认为王峥的年龄开始影响到她的竞技状态时，本赛季王峥迎来了强势反弹，不仅在国际田联挑战赛捷克站中掷出 75.80 米的出色战绩，轻松迈过东京奥运会资格线，还在亚锦赛上以破赛会纪录的成绩夺冠。

纵观本赛季至今王峥的整体表现，她的成绩始终稳定在 75 米上下，而“稳定”也正是王峥的取胜之道。“过去几个赛季，虽然我投出过一些不错的成绩，但也总有不太理想的成绩出现，相比以往，今年我最大的进步就是稳定，成绩一直在 75 米左右。”王峥说道。

正如王峥所言，本次全国田径锦标赛她很快就进入状态，第二掷就掷出了 76.26 米的成绩，如此表现也让冠军归属早早失去了悬念。值得一提的是，这个成绩还是目前为止今年的世界第三好成绩。

比赛结束后，记者问王峥：“作为一名老将，如何让自己始终保持在出色的竞技状态上?”王峥笑着表示，这与她大大咧咧的性格有关，除了训练平时不太考虑其他事情。

在掷出个人赛季最佳成绩后，王峥并没有打算去冲击个人最好成绩，她认为接下来的训练备战还是要继续以稳定为主，“先稳定再突破”。作为上届世锦赛的亚军，王峥期待今年的世锦赛她依旧能够站上领奖台，不过她深知这并不是一件易事，虽然今年取得的成绩给她树立起自信心，但在接下来的夏训中，避免伤病、努力训练依旧是王峥的首要任务。

---

① 于帆．王峥稳中求胜以个人赛季最佳成绩获冠军［EB/OL］．（2019-07-11）［2020-09-09］．https://sports.people.com.cn/n1/2019/0711/C412458-31228370.html.

【案例分析】

运动员与教练员在设置参赛目标时，应坚持实现与实时调整目标，也应从运动员实际情况出发，根据运动员竞技状态以及能力水平制定出合理的参赛目标。

案例 3-15

封闭集训脚踏实地——陈雨菲目标世锦赛冠军①

晨跑认真、技术训练专注、对抗练习每分必争，正在成都双流国家羽毛球训练基地集训的陈雨菲积极地面对每一个训练科目，因为她知道，这是为世锦赛储备能量的关键期，她给自己定下了一个目标，冲击世锦赛冠军。

20 多天的封闭集训，陈雨菲在力量和体能上有了一定的储备，同时在技战术上查缺补漏。多球训练时，陈雨菲在专家组成员王跃平的指导下练习网前技术，每一拍的动作都在精雕细琢；抢分对抗环节，面对队友陈晓欣她毫不手软，牢牢占据场上主动。

步入东京奥运会周期，国羽女单“谁是一姐”的话题总是被提及，从去年开始，迅速成长的陈雨菲逐渐被外界看成领军人物、国羽“一姐”。对于陈雨菲来说，她从来没有想过当“一姐”，“大家一起去努力，我只是想去承担责任”。责任心让陈雨菲不断努力，她对自己的要求也越来越严格，“以前都是教练叮嘱更多，自己容易放松，现在自己对自己的要求会更高。”

刚刚过去的 2019 年上半年，陈雨菲不断给人惊喜，她也是上半年女单项目表现最亮眼的选手，先后夺得了全英赛、瑞士公开赛、澳大利亚公开赛 3 个冠军，同时在苏杯团体赛也取得了全胜战绩，共出场 31 次，仅输掉 3 场比赛，胜率达到了惊人的 90.32%，排名所有女单选手第一位。

从 2016 年世青赛夺冠到如今成为世界羽坛一流高手，陈雨菲一年一个台阶在进步，谈及能力提升的原因，陈雨菲认为是量变到质变的结果。“以前比赛的积累让自己更加有经验，站在赛场上，不管面对谁，自己都有信心。”信心，是

---

① 周圆．封闭集训脚踏实地 陈雨菲目标世锦赛冠军［EB/OL］.（2019-07-09）［2020-09-09］. https://sports. people. com. cn/n1/2019/0709/c412458-31222169. html.

陈雨菲口中反复提及的词汇，帮助中国队拿下苏迪曼杯后，陈雨菲觉得自己打起比赛来更有自信，所以在澳大利亚公开赛决赛中，她能够以 21∶15、21∶3 横扫日本名将奥原希望夺冠。

7 月 12 日陈雨菲将停止集训，参加世界羽联巡回赛印尼、日本、泰国 3 站比赛，赢取奥运积分。对于她来说，接下来最重要的比赛就是 8 月将在瑞士举行的世锦赛。今年是陈雨菲第三次参加世锦赛，2017 年第一次参加，陈雨菲就拿到了季军，去年她无缘四强，今年渴望实现突破。

“去冲击冠军”是陈雨菲给自己设定的目标。

【案例分析】

陈雨菲，1998 年 3 月 1 日出生于浙江省杭州市桐庐县，是中国羽毛球队女子单打运动员。

羽毛球项目发展至今，世界各国均人才济济，国内的竞争亦同样激烈。俗话说：竞技场上没有“常胜将军”，只有不断地挑战自我，才能站上更高的领奖台，过去的成绩与荣誉只代表运动员具有相应的竞技实力，并不能决定现时的参赛结果。在比赛过程中，决定成绩的不仅是你自身的竞技水平，还有对手的竞技状态等多种因素，战局千变万化。因此，在确定好总体参赛目标的同时，也要做好在比赛中随时调整的准备。

案例总结

竞技参赛是由运动员、教练员及其团队共同参与，通过赛前准备、赛中表现和赛后认知来实现其参赛目标的开放性活动。竞技参赛控制是一个复杂的系统，它由赛前竞技能力的整合与竞技状态的调适、赛中竞技状态控制和竞技表现控制、赛后评定与调训三个环节构成。每一个环节都与参赛主体的认知、环境影响、行为方式息息相关。

为力求参赛的成功，参赛者须做好赛前竞技能力的准备、参赛方案的制订；赛中加强教练员的临场指导和运动员的自我控制；赛间根据比赛进程安排专门性的调节训练，并通过适度的心理干预解决竞技参赛活动中的心理问题，以保证运动员、教练员及其团队的参赛过程朝着预定目标运行，实现竞技参赛过程的优化，最终达到成功参赛的目标。

CHAPTER 4 第四章

教练员的临场指导理论解析及案例分析

教练员在比赛过程中对运动员参赛行为的要求和指挥称为临场指导。临场指导是教练员参赛的主要方式，包括赛中指导和赛前指导，根据指导方式的不同，又可分为直接指导和间接指导、面对面语言指导或借助仪器器材进行指导、在暂停或比赛间隙进行指导。教练员的临场指导决定着整个队伍的发挥，对于临场指导要做到指挥明确、精炼、突出重点，因势调整排兵布阵，语言上要以鼓励和激励为主；批评和指责只会影响运动员在赛场上的情绪，进而影响比赛状态和比赛结果。同时，一位优秀的教练员会充分发挥整个教练员团队的作用，尊重其他人的建议并且做出果敢的决策。

教练员临场指导的途径包括口头语言指导、肢体语言指导、换人和暂停。口头语言指导和肢体语言指导是最常用的指导方式，也是最基本的指导途径。教练员常通过换人和暂停的方式对技战术进行调整，这不仅能让自己的技战术方案得到实施，而且能干扰破坏对手的战术策略，常用于球类的比赛。

在比赛中教练员的临场指导要做到重视开场（局）阶段、抓好力拼相持阶段、重视领先或优势明显时的争夺、加强落后或无优势时的争夺和抓好对最后阶段的控制。一般情况下，比赛中的教练员要做到准确判断赛事走势，对赛场变化作出果断的抉择，提供应对策略，严格控制不良情绪，助理教练员要及时反馈赛事信息，以便教练员适时修正参赛目标。

教练员的临场指导能力是其执教理念、风格、技巧和经验的综合反映。一名优秀教练员所具备的临场指导能力包括专业知识结构、职业能力结构和教练员品质与临场指导风格，做到赛场态势的观察与判断要准确无误，战术选择的谋划决策要群策群力，临场指导的语言表达要简洁明确，并且要保持高度集中的注意力和抗干扰能力，面对赛场的态势变化要临危不惧，随机应变，赛后做好反馈机制的效果评价。总之，教练员临场指导能力的培养要做到理论先导，理念凝练；优化机制，实战为先；探索规律，科技驱动；实时总结，考评促进。

教练员临场指导的一般特征包括特定背景下的赛事阅读、风险机遇并存下的博弈、复杂局面下的快速应变和战局胜负决定的瞬时性。根据不同项群训练特征的不同，教练员临场指导的方式也有所差异：体能主导类项群对体能要求较高，因此比赛技战术的制定较为简略，影响战术的要素也相对较少；技能主导类项群要采取“高难制胜”或“稳中求进”的战术策略；技心能主导类项群包括射击射箭等项目，这类项目对运动员心理状态的稳定性要求极高，需要运动员自身具备较强的自控能力，教练员予以面对面的交流指导；技战能主导类项群以对抗性的项目为主，这类项目比赛人员较多，比赛规则较为复杂，比赛过程瞬息万变，教练员要在短暂的休息时间内做好排兵布阵，技术指导和心理状态的调节，根据赛事变化及时改变对策，这对教练员的临场指导能力是一次巨大的考验。

案例 4-1

郭士强：篮球赛场上的指挥艺术

一米九三的大个，一身西装革履，赛场上不停地大声呼喊指导球员比赛，这是大部分人对辽宁男篮教练郭士强的印象，30 岁就开始执教生涯，做过国家青年队助理教练，随后又在 2006—2007 WCBA 联赛中担任辽宁女篮的助理教练，并获得那个赛季的总冠军，俱乐部高层看中了郭士强的执教能力，2006 年 6 月决定让郭士强出任辽宁男篮总教练。

在很多人眼里，郭士强就是个“拼命三郎”，他善于学习，赛场下的他总是能为下一场比赛做充足的准备，每天反复观看对手技术资料和比赛录像，钻研最新的战术策略，这一钻研就是到凌晨两三点，然而这种生活已经成为常态，发青的嘴唇，黑发中掺杂着许多白发，足以看出郭士强为了球队付出了很多精力。赛场上的郭士强也是鼓足了劲为队员加油，我们总能看到他不论是何时，都是站立着进行临场指挥，这不仅能够近距离地观察队员的每一个动作，清楚地观察对方的战术情况，掌握场上形势，以便在赛场上做出精准的判断和研究出最佳的战略对策，同时也可以随时在场边通过呼喊和手势提醒球员的跑位防守。有了教练的尽心指导和站立陪伴，在一定程度上也给了队员很大的信心。

郭士强的指导理念一直都是以防守为主。辽宁男篮的实力强大也是大家有目共睹的，尽管多次在比赛中大比分领先对手，但是郭士强总是严格要求这些年轻队员，不要轻视对手，做好防守，不到比赛结束那一刻坚决不松懈。就是这样认真负责的教练才能成就像辽宁队这样优秀的球队。

【案例分析】

临场指挥能力是教练员在比赛过程中的主要活动之一，是构成制胜系统整体战斗能力的重要因素，也是衡量教练员水平高低的重要标志。赛前能将对手资料了如指掌，比赛时能敏锐观察赛势并能快速作出决策，赛后善于总结经验，勤于钻研，勇于实践，这些素质对于塑造高水平教练员都有着重要的意义。比赛时站着指挥除了能清晰地观察赛场的整体形势，同时也显示了郭士强能和队员一起面对比赛的态度。郭士强可能不算是最顶级的教练，但是他对于辽宁男篮的了解和付出是无人能及的。

案例 4-2

峰回路转——阿根廷队友谊赛经历波折

1981 年阿根廷与佛罗伦萨的一场友谊赛，那时的阿根廷队坐拥马拉多纳、肯佩斯等优秀球员，比赛结果让人觉得毫无悬念。然而激烈的上半场结束，阿根廷队却以 0∶3 落后，着实让人大吃一惊。当时阿根廷的教练员是众人皆知的著名足球教练梅诺蒂，中场时大家都以为梅诺蒂会大怒，所有队员都处在焦虑和担心中。

然而事实并不是大家想的那样，回到更衣室，梅诺蒂显得非常平静，他拿了一把椅子坐在球员身边，心平气和地对球员说道：“足球真是不可思议吧？你们不要担心，我们依然是一支非常优秀的球队，只要我们尊重足球……”梅诺蒂心里非常清楚，这支球队足够专业，此时此刻，如果教练随意动怒，只会让队员的情绪产生更大地波动，从而影响到队员们接下来的比赛情绪，因此只有让他们冷静下来，重拾信心，才能够找回真正的实力，力挽狂澜，获得比赛的胜利。就这样，队员们也领会到教练的意思，大家鼓足了劲，重新面对比赛。最后阿根廷队绝地反击，连进5球，以5：3获得了最终的胜利。

【案例分析】

比赛中的运动员总是处于较高的应激状态，而教练员在比赛场上的情绪变化能直接影响运动员的参赛行为，从而影响到整场比赛的胜负，因此教练员的指导在比赛中扮演着重要的角色。他不仅要发动自己的智慧去指挥队员应对各种问题，同时还要控制自己的情绪以免运动员的情绪受到干扰，这也是教练员指挥比赛时一种智慧的体现。一个好的教练员要在技战术指挥上得心应手，也要学会解读队员的内心活动，两者相辅相成，才能更好地应对比赛时的各种变化，做出最佳的临场反应。

案例 4–3

骄兵必败——看世界杯决赛教练员如何带领球队突出重围

1986年墨西哥世界杯决赛，实力强劲的两支队伍阿根廷和联邦德国展开了较量。

上半场第23分钟，阿根廷的队员布朗为球队获得一分，下半场马拉多纳、布鲁查加和巴尔达诺三人的默契配合让德国队慌了手脚，一时不知如何去防守，使得阿根廷队在无人盯防的情况下破门得分，2：0的比分让阿根廷球迷甚至队员自己都觉得胜利在望，全场一片沸腾。然而这时教练比拉尔多却毫无喜悦之情，他心里知道比赛还没有结束，还不能掉以轻心。于是他叫住了马拉多纳，开始部署新的战略对策，不停地叮嘱队员不能高兴得太早，还没到放松的时候，要时刻注意德国队的反击，将注意力全部投入比赛中。

教练比拉尔多担心的情况还是发生了，德国队突然开始了有力的反击，很快将比分扳平，自信的阿根廷队也开始陷入迷茫。此时的教练比拉尔多比任何人都要紧张，但是他不能表现出来，他极力地表现出自己的沉着冷静，给队员加油鼓劲，增加必胜的信心。第83分钟，阿根廷队突出重围，马拉多纳的一脚直塞把球传给了布鲁查加，没有被任何人盯防的布鲁查加带球狂奔，一脚低射为阿根廷队再得一分。教练比拉尔多兴奋地抱住马拉多纳，同时进行最后的部署，锁定胜局。

最终的胜利属于阿根廷队，这也是阿根廷队第二次举起世界杯的奖杯。此时教练员才开始欢呼起来，他热泪盈眶，紧紧抱住身边的老友久久难以平息心中的激动，赛后比拉尔多说道："关键时刻要镇定，我了解每个队员的性格、优缺点，同时队员也了解教练。"正是比拉尔多得心应手的指挥造就了阿根廷队的最终胜利。

【案例分析】

同样也是教练员在赛场上对队员的情绪进行调控，教练员时刻提醒队员要胜不骄败不馁，尤其是双方势均力敌时，良好稳定的心态往往是制胜的关键。我们总能在比赛场上看到运动员过于焦躁而导致比赛频频失误或者因获得暂时的胜利而忘乎所以，这时教练员的作用尤为关键，做好技术指导的同时还要扮演心理医生的角色，实时掌握运动员的心理动态并做好应对措施，这对教练员综合指导能力是一次巨大的考验。

案例 4-4

"智多星"教练危急时刻出奇招①

作为国家乒乓球队的领军人物刘国梁，驰骋赛场多年，不论是作为运动员还是后来担任国家乒乓球队总教练，都为我国的乒乓球事业立下了汗马功劳。刘国梁的指导能力也毋庸置疑，得到了大家的赞赏，经常被冠以"智多星"的称号。然而在2018年奥地利公开赛上，刘国梁的一个重大决定让很多人再一次对他刮目相看。

乒乓球作为我国的国球一直保持着很高的竞技水准。中国女队的阵容也是十分强大，丁宁、刘诗雯、朱雨玲等都铆足了劲力争冠军，就是这样一支强有力的队伍却在之前的瑞典公开赛上被日本队小将伊藤美诚横扫拿走了冠军，女乒组长李隼表示通过比赛发现问题是件好事，这时雷厉风行的主教练刘国梁提出："男

① 国球那些事．刘国梁放大招！奥公赛男女队教练互换指挥比赛，网友：不愧智多星［EB/OL］．（2018-11-07）［2020-09-09］．https://baijiahao. baidu. com/s？ id＝1616443513706498126&wfr＝spider&for＝pc.

女队互换教练指挥指挥比赛。”行动刻不容缓，这一改革举措在接下来的奥地利公开赛得到了实施。于是就有了赛场上少见的女乒教练指导男乒，男乒教练指导女乒的现象。然而这一改革措施得到了一定成效，资格赛首日，女队 8 战全胜晋级到下一轮比赛，男队 6 人有三人晋级。

赛后队员们表示，总体上感觉不错，每一位教练员都很认真负责，即使对自己不了解，在赛后也会主动与队员沟通交流，解决问题，并且每一位教练员都有自己独特的风格，运动员从中也能够学到很多新的东西。显然这一创新的举措成功得到了证实和肯定，也将国乒“女乒技术男子化”的理念落到了实处。

【案例分析】

将男队和女队教练员进行互换指导比赛的方案实属罕见，也是一次较为大胆的尝试，男队和女队在训练方法和技战术方面有着一定的差异，这种创新性和挑战性并存的改革方案的提出，显然是以刘国梁为首的国家队教练员在执教能力上的一次重要突破。随着时代的发展，很多国家都在乒乓球上对中国进行追赶，中国队也在几次公开赛上出现失误，作为教练员也不能总是墨守成规，要大胆创新，敢于实践，只有不断地钻研新的战术对策，才能不惧赛场上出现的各种难题和挑战，教练员的正确指挥往往是整支队伍胜利的关键。

案例 4–5

李楠世界杯临场指挥失误启示

2019 年男篮世界杯，中国最后不敌尼日利亚队无缘东京奥运会的直通资格，这一结果让许多球迷为之惋惜，同时还有些愤怒，主教练李楠随后便辞去了国家男篮主教练的职务，李楠的执教生涯也随之跌入了谷底。

9 月 2 日男篮世界杯 A 组第二轮比赛拉开战幕，中国队对战强劲对手波兰队，第一节中国队一直在场上占据主动权，先是易建联篮下率先得分，之后易建联和周琦内线双核连拿 10 分，使得中国队在第一节就以 25∶15 领先波兰。整场比赛中国队以 41 个篮板，14 个助攻领先，然而这样一直向好的局面在最后发生了意外。此时的中国队领先两分，胜利在望，队员周琦却意外出现发边线球失误，让对手抓住了时机完成了抢断，离比赛结束还剩 7.2 秒，中国队依然以 72∶

71 领先，这时主教练却叫了一个暂停，就是这个暂停让中国队发前场球，并且让对手获得了发球机会，最终加时赛以 3 分之差惜败给波兰队。

周琦发球失误，郭艾伦五次犯规离场，对此主教练都没有及时处理，最终中国队不敌尼日利亚失去直通东京奥运会的资格，也把中国男篮推上了舆论的风口浪尖，主教练李楠更是受到了众多球迷的指责。纵观世界杯中国队所有比赛表现，球员的发挥的确不尽如人意，主教练经验不足，换人调整不及时和战术匮乏也受到了很多人的质疑。在此之前教练李楠曾带领中国队击败伊朗队获得亚运会的冠军，但是此次世界杯比赛的表现的确让人有些失望。

【案例分析】

我们不可否认李楠是一名非常优秀并且负责任的教练员，曾经的他带领队员在亚运会上击败老对手伊朗队获得亚运会的冠军，也证实了李楠的实力，最终当上国家队的主教练。然而面对国家队众多优秀的球员，李楠反而难以做出更好的队伍安排，多次使用三后卫阵容，让中国队在赛场上出现漏洞，让队手有可乘之机。战术准备过少，使得球队在比赛遇到困难时，教练显得不知所措、应变不足，甚至出现换人不及时，过度使用主力队员而忽视替补球员的现象。这些问题的出现最终也导致了中国队在此次世界杯上的失利，我们也看到了李楠作为教练员的缺陷。尽管他在这次世界杯上的表现不尽如人意，但我们不能以偏概全，辞去国家队主教练职位后的李楠需要获得更多的历练，通过更多的比赛去积累经验，提升自己的执教能力，他曾经的努力和战绩不可磨灭，愿经过一段时间磨炼的李楠教练终有一天能卷土重来，再次获得大家的认可。

案例 4-6

郎平：我不玩虚的，就用头脑临场指挥①

在许多大型比赛中，我们经常看到教练员戴着耳机，手持 ipad，将先进的科技和先进的执教理念相结合来指挥比赛，这种新型的指挥模式让我们大开眼界，

① 环球时报. 郎平里约生死战赛前动员披露：我们是什么？我们是中国女排［EB/OL］.（2016-12-22）［2020-09-09］. https://www. sohu. com/a/122336748_ 41935/.

不由得让观众觉得这样的指挥形式更容易掌握比赛数据，获得比赛的胜利，然而对于中国女排主教练郎平来说，这些都是虚的，单凭头脑指挥，就能完胜对手。

竞技赛场上瞬息万变，一场精彩的比赛离不开教练员的临场掌控，从里约奥运会的强势回归到女排世锦赛的十一连杀，让我们看到了郎导在赛场上指挥时的魄力和过硬的执行能力，在绝对的实力面前，任何花里胡哨都是空谈。那为什么郎导在赛场上不用高科技呢？

一方面，郎导不是不用高科技设备。在场下，教练员的智囊团需要充分利用大数据对对方运动员进行分析，例如，女排世界杯上郎导的“点名发球”直击美国队女排自由人考特尼的短板，顿时让美国队乱了手脚，连她们最擅长的“快攻打法”也被扰乱了。郎导有力的指挥也少不了场下技术团队的精确数据分析。赛前做好充分的分析工作，每场比赛前观看对手录像，掌握对手的各种能力和短板，并在备战中进行针对性的训练，而场上的郎导只需根据赛场变化用纸笔画图进行现场指挥，所以说，郎导不是不用高科技，而是不在赛场上用高科技。

另一方面，从排球运动员到排球教练员，郎导这一生都奉献给了排球，论经验没有人能比得过她。丰富的比赛经验和比赛指挥储备，让郎导在不用电脑的情况下也可以很快做出精准判断。同时郎导在球队遇到挫折时总能临危不惧，里约奥运会小组赛接连输给塞尔维亚和美国，接下来面对的是更为强劲的对手卫冕冠军巴西队，这是一场生死战，郎导告诉自己的队员：“现在摆在你们面前的只有两条路：一条是，放下一切，什么都别想，轻装上阵，把自己的所有本事都拿出来！另一条就是瞻前顾后、缩手缩脚，想赢怕输，死路一条！”最后中国女排以3∶2完胜巴西，获得半决赛权。这种言语和精神上的交流都是高科技难以传达给队员的，也是教练员所必须具备的能力。

【案例分析】

郎平是我国众多优秀教练员的代表人物之一，她的一丝不苟、顽强拼搏以及以不变应万变的临场指挥能力让很多人都为之惊叹，在这样一个以科技为核心的时代，在瞬息万变的比赛场上仅用脑力就能解决各种问题，足以证明这个教练员扎实的理论基础和丰富的比赛经验，这也是每一位优秀的教练员所必须具备的能力。高科技固然对比赛有一定的帮助，但是实践证明只有能够赢得比赛胜利才是最适合的方法，才是最好的方法。中国女排的每一场胜利都是依靠郎导和姑娘们前期充足的准备赢下来的，因此教练员只有不断地积累经验、学习创新，不断完善球队的各个环节，才有把握带领全队突出重围，取得最终的胜利。

案例 4-7

教练台后“怒吼”助唐功红奥运赛场夺冠①

北京时间 8 月 21 日，女子 75 公斤级举重项目拉开帷幕，这也是女子举重最后一个项目的金牌争夺，我国选手唐功红成为夺冠的热点。

然而，刚开始的比赛并不顺利，在抓举环节，第一把 122.5 公斤就遭遇不利，试举失败。经过短暂的时间调整，再次出场的唐功红成功举起 122.5 公斤，之后的 127.5 公斤没有成功。而俄罗斯选手沙马诺娃、波兰选手罗贝尔和韩国选手均在第二把举起了 130 公斤，这样的差距让唐功红倍感压力，夺冠之路显得格外艰难。

挺举是唐功红的强项，在此之前，唐功红多次在大型赛事中刷新挺举世界纪录，挺举比赛成了唐功红夺金的唯一希望。美国选手和乌克兰选手分别举起 155 公斤和 150 公斤，以总成绩 280 公斤结束比赛，接着波兰选手罗贝尔成功举起 165 公斤，以总成绩 295 公斤结束了比赛，然而韩国选手张美兰强势出击，在第一把就成功举起 165 公斤，尽管之后 170 公斤因杠铃从后面掉落导致试举失败，但是在第三把张美兰又成功举起 172.5 公斤。抓举已经落后 7.5 公斤的唐功红此时必须举起 182.5 公斤才能拿下这枚金牌。

面对这样一个不可能完成的任务，教练马文辉对即将上场的唐功红大喊提气：“看着我，一定要把下面的重量举起来，这种时候只有拼了，豁出命拼了！就算死也要死在举重台上！”中国女子举重队总教练李顺柱也在旁边激动地向唐功红呐喊：“这枚金牌不仅是为了你自己，而是为了整个中国！”此时的唐功红内心只有拼了。就这样，在教练的大喊声中，唐功红鼓足勇气走向了比赛台上，最后一把，182.5 公斤，唐功红咬紧牙关，奋力一搏，成功举起了这个让人难以置信的重量，并再次打破世界纪录。

赛前教练马文辉为了此次比赛也是对唐功红做足了功夫，指导她的每一个技

① 搜狐体育 . 2004 年雅典奥运会　女力士唐功红破世界纪录夺金 [EB/OL]. (2007-07-22) [2020-09-09]. http://2008.sohu.com/20070722/n251187099.shtml.

术动作，认真分析对手的技术缺点，通过言语上的玩笑给她减压放松，给予信心和动力，比赛时的大声呐喊也是马文辉教练的一贯风格，对于唐功红即将上场时自己说的那番话，马文辉教练笑着说道："其实这句话很没道理，但是很管用，尤其是这么关键时刻一声大喝，运动员会借着这股气势迎难而上，一鼓作气举起来。"赛后唐功红面对记者提起教练："抓举失利教练并没有责怪我，只是说无所谓，抓举输了，挺举还可以赢，他在底下给我解压，按照他的步骤一步一步走到最后，终于赢得冠军。"

【案例分析】

不同的教练员在临场指挥中都有着较为鲜明的个性特点，对于举重教练员来说，没有过多的技术指导和战术要领，有的只是在做出正确的决策和指导后不停地为运动员加油，鼓足士气。所以我们经常在运动员进行比赛的过程中听到场下的教练员在大声呼喊进行指挥，这种"怒吼"的方式在很大程度上能给运动员带来信心和斗志去奋力拼搏，因此，比赛时不仅运动员的注意力要高度集中，教练员也要打起精神，保持持续的专注力。唐功红的夺冠不仅是她强大实力的体现，也是教练员临场指挥有勇有谋的见证。

案例 4-8

教练员临场指挥应具备的心理素质与能力探析①

决策心理学认为，决策者不同态度、理智、情感和意志特征，直接影响决策者的指挥能力。决策者的良好性格类型大致有以下三种：

（1）果断型。这种类型的决策者有魄力，能当机立断，反应敏锐，对信息的吸收与消化、对经验的综合与运用、对未来的估计与计算都能在瞬间完成，凝聚成一个明确指令。在比赛过程中，往往有许多稍纵即逝的良机，而果断型的指挥员就能敏锐及时地捕捉到它，往往会克敌制胜。

（2）理智型。这种决策者总是以理智的尺度来衡量一切，具有深思熟虑、

① 古维秋．教练员临场指挥应具备的心理素质与能力探析［J］．西南师范大学学报：自然科学版，2000（3）：332-335.

沉着冷静和慎重稳健的风格。善于控制自己，不易受外界干扰和影响而动摇决心，也不易受各种情绪的波动而贸然行事，往往能对各种比赛方案加以细心的比较、选择，才做出最后的决策。

(3) 顽强型。顽强型表现在意志坚强，不因一时的挫折和失败而动摇。为了实现决策目标，不断激励自己鼓起勇气，会坚韧不拔地采取新的行动。这种决策者在决策实施过程中能表现出充分的信心和恒心。

因此，教练员的性格类型特征，对于集体指挥者有着重大意义。应遵照性格“互补”原则采取“中和”的配搭方式组成教练班子，即刚毅配温和、急躁配稳重、寡言配健谈、沉默配开朗、幼稚配老练等。这样可做到刚柔相济、智勇相生，更能发挥指挥才能。综上所述，教练员的指挥决策能力是决定比赛胜负的重要因素。在双方技战水平、身体、心理条件相当的情况下，指挥者的快速果断和周密无懈的决策，是获得比赛胜利的关键所在。因此教练员应重视决策能力的提高。在指挥过程中不仅要掌握对方技战术和心理活动特点，更需要加强自身心理特点的认识和个性品质的养成，只有把临场指挥艺术融于心理素质之中，进而转化为指挥决策能力，才可能在比赛中左右逢源，应付自如，从而做到“预则立，多算胜”，始终驾驭比赛的全过程，那么稳操胜券就是必然的了。

案例 4-9

散打竞赛临场指挥的特点①

短暂性：临场指挥，是在竞赛双方利用局间休息的 1 分钟时间，教练员根据竞赛双方在场上的技术、战术、体能的表现和变化而给队员提出战术、技术或体能调节上的要求。在这短暂的休息时间内，教练员既要为队员放松、按摩、喷药，又要有针对性地进行指导，语言要简练，重点要突出，这就要求教练员具备较强的语言表达能力和敏锐的观察力。指导时要提纲挈领、切入点要准确无误。

应变性：散打竞赛，每场各异，必须灵活运用技战术，才能掌握主动，战胜对手。优秀的散打教练员要具备较强的应变能力，能够根据场上的变化和竞赛双方的特点，及时有效地制定出新的战术，达敌变我亦变，使我方的技战术变化要

① 娄丙午，刘瑞恒．论散打竞赛临场指挥的艺术［J］．体育学刊，2004（6）：66-68.

迅速，周期性要短，不给对方适应的过程，一套战术接一套战术，打破对方的常规，出其不意地战胜对方。若对方占据场上的主动时，我方应急中求稳，以不变应万变的同时，迅速掌握对方的变化周期、攻防变换的特点及时间差，在其交换之际，切入对方要害打破其规律。

预测性：预测性是教练员在临场指挥时，针对双方队员在上一局竞赛中暴露出的强点、弱点进行分析总结，从裁判的评分结果、对方教练员的指导意识、对方队员的内在表现和我方队员的实际状态进行对比、综合分析，从而制订出具体方案。预测分为赛前预测、赛中预测。赛前预测，是教练员根据对方队员的间接或直接材料与己方队员的状况对比进行的预测。赛中预测，是在竞赛中，教练员根据场上比赛或上局比赛双方队员的实际情况而制定的战术、策略，预测具有一定的冒险性和变异性。赛中预测比赛前预测更具有可靠性，更具有指导意义。预测可以看出教练员训练水平和指挥艺术的高低。预测要求教练员具有较强的观察和分析能力。也就是说，教练员通过上局的竞赛，可以观察到对方的优缺点，并且预料到下一局对方将采取的战术、招法。作为优秀的教练员必须达到这个水平。教练员要善于与对方队员和教练员进行换位思考，只有善于全面地进行换位思考，才不会错位，才有实效性。

案例 4-10

香港教练苏迪曼杯的保级之路①

2007 年第 10 届苏迪曼杯羽毛球比赛中，中国香港队无疑是最幸运的球队，在长达 4 个小时的保级大战中，香港队最终以 3:2 击败泰国队夺得本次比赛第 7 名并成功获得保级资格，这也是中国香港队连续两届留在 A 级中，在此之前，中国香港队已经连续输给丹麦、韩国和印尼，这场和泰国的比赛尤为关键，最终的胜利也让队员们松了一口气，当然比赛的胜利少不了教练员刘志恒的临场指挥。

第一场混双比赛的开场并不是非常顺利，中国香港队派出杨礼峰和官惠慈出战，获胜的欲望让泰国队一直奋力抵抗，使得中国香港队艰难拿下第一局。在中

① Firewall. 苏杯保级战泰国憾负降级，香港苦战 3∶2 险胜获第七［EB/OL］.（2007-06-15）［2020-09-09］. https://sports.sohu.com/20070615/n250600662.shtml.

场休息间隙教练员刘志恒告诉队员："对方女队员进攻不是很强，官惠慈你在放后场球时再耐心点就好了。"之后，中国香港队在第三局锁定了胜利，拿下宝贵一分。第二场男单比赛，小将陈仁杰面对名将文萨·波萨那，由于两人实力悬殊过大，即使教练刘志恒多次强调战术方案，这场比赛打得还是非常艰难，最终无奈对手实力太强使得泰国队获得一分。接下来是女单比赛，世界排名第 13 位的叶姵延和泰国队女单二号萨拉吉特·波萨那展开较量，第一局还算顺利，叶姵延一直保持领先优势，拿下第一局，然而在第二局，叶姵延接连失误，在中局暂停时 5∶11 落后对手 6 分，教练叮嘱叶姵延："要多放后场压住对手，将节奏带得快一点，攻要快，守也要快。"在教练的多次出色指挥下，叶姵延实现了逆转，为中国香港队拿下了第二分。第四场男双比赛，虽然开局很顺利，但耐不住队员焦灼的心态，在赢得第一局后，即使教练刘志恒一再嘱咐："按照这个节奏打，多点儿耐心。"最后男双两人都输给了心态，对手连赢两局获得胜利，此时中国香港队和泰国队已经 2∶2 打平。最后一场女双比赛成了两个队伍之间的生死之战，比赛一直在紧张和激烈的气氛中进行着，现场观众的热情也让比赛达到高潮，周凯华和官惠慈没有手软，最终 2∶1 击败对手，中国香港队成功保级。

【案例分析】

羽毛球比赛的暂停不同于其他球类比赛，每局只有一方得分达到 11 分时才可以有一次技术暂停，教练员和运动员都不可以在比赛中喊暂停，这就在一定程度上限制了教练员临场指挥的时间和次数，在这短暂的时间里，教练员的指挥要抓住重点，语言简明扼要，一针见血，给运动员传递最清晰、最准确、最有效的信息。刘志恒教练在临场指挥的过程中一直密切关注队员以及对手的比赛状态，针对技术动作和比赛形势提出可靠的应对措施，话语中没有一点多余和拖拉，直击重点，让队员容易领会自己的意图，使得他们在最紧要的关头突出重围，夺得比赛胜利。

案例 4-11

陈忠和教练奥运赛场临场指挥

说到陈忠和，他实在是经历了太多艰辛才走上了国家女排主教练的位置，从事排球教练工作 20 多年，已经对排球的各项训练了如指掌，即使第一次以主教练的身份面对奥运会的赛场，陈忠和也表现出了主教练应有的参赛指导能力和自信。要知道，中国女排上一次获得奥运会冠军还是 1984 年的洛杉矶奥运会，且雅典奥运会前两周的世界女排大奖赛，中国队也仅获得了第 5 名。虽然在 2003 年，陈忠和带领中国女排获得了世界杯的冠军，但是对于这些大部分第一次参加奥运会比赛的中国新女排的姑娘们来说压力是巨大的。

比赛前的准备是十分充分的，除了详细了解对手的信息和设计缜密的作战计划，陈忠和教练还安排刚参加完世界女排大奖赛尚处于疲劳期的女排姑娘们在波兰进行为期一周的赛后休整，以最佳的状态迎接即将到来的奥运会比赛。

比赛刚开始就给了女排姑娘们不小的压力，预赛分在了拥有最终金银铜牌获得者的“死亡之组”，半决赛对阵实力强队古巴队，陈忠和临场调换了阵容轮次，运用队员冯坤的拦网来堵住古巴队的主攻路易斯，最终获得胜利，为中国队最终进入决赛奠定了良好的基础。

在决赛对阵俄罗斯的过程中，陈忠和在紧要关头做出变换，与俄罗斯教练斗智斗勇，不停地变换轮次。第二局时，队员王丽娜进攻不利，立马换上了老将张越红，虽然是替补，但是张越红用行动彰显了自己不凡的实力，顺势扭转了局势，起到至关重要的作用。经过两个小时的奋战，中国队在先丢两局十分不利的情况下力挽狂澜，最终以 3∶2 战胜俄罗斯队，获得了中国代表团在雅典奥运会上的第 31 枚金牌。

【案例分析】

在充满随机性和偶然性的赛场上临时做出战术决策，这对于一名教练员来说是一项巨大的挑战，需要教练员拥有较为丰富的作战经验和临危不惧的心理素质，因势利导，随机应变。这是一名优秀教练员在指导比赛的过程中所必须具备的条件。当然，作为运动员，在遇到教练员临时作战调整时也要做到处变不惊、从容自如，冯坤和张越红也成功做到了这点，最后达到了教练员预期的效果，获得最终的比赛胜利！所以说，一场比赛的胜利是教练员战术高度的计划性和运动员出色的发挥两者之间的结合，这才是比赛制胜的法宝！

案例总结

竞技体育赛场瞬息万变，每场比赛都是实力与智慧的双重较量，不同项目比赛的特点给教练员的临场指挥提出了不同要求。教练员的临场指挥是教练员根据赛场形势变化和运动员比赛时表现出的竞技状态所做出的相应战术安排、技术运用、人员位置调整和心理疏导，因此教练员在比赛中总是扮演着多种角色，既是运动员的指挥教练，也是心理导师。阿根廷教练梅诺蒂和比拉尔多、中国举重教练马文辉和香港羽毛球队教练刘志恒总能在危急关头控制住队员的心理情绪。因为他们知道，在实力足够的情况下，只有调整好每一位运动员的心态，胜不骄、败不馁，才会有把握住胜局的可能。实力固然重要，但良好的心理素质同样也是制胜的法宝！

郎平、陈忠和、刘国梁等是国家队优秀教练员的代表，他们熟知每一位运动员的技术风格、性格习惯，善于在比赛中观察本队队员以及对手的竞技表现，果断地对出现的问题提出处理方案，同时背后的助理教练团队能在后方及时为主教练提供各类数据信息和战术建议，确保主教练能迅速做出战术布置和人员安排，使比赛顺利无误地完成，调动一切积极因素，充分发挥团队力量，群策群力，因此临场指导水平能够体现出教练员在观察、分析、决策、人员运用等方面的能力，是教练员指挥经验和决策能力的集中体现。郭士强作为辽宁男篮主教练也将这些特点表现得淋漓尽致，他的善于学习和尽职尽责都是一个优秀教练员的职责体现。教练员通过不断地学习去完善自我，才能提高队员的训练意识，培养综合素质的发展。当然，人无完人，教练员也有判断错误的时候，李楠教练在世界杯上的决策失误受到了来自各方的指责，但不能将他“一棍子打死”，既然能坐上国家男篮主教练的位置说明他的执教实力是具备的，同时他也意识到了自己的短板并辞去了国家队总教练的职务，决定重新深造自己，我们也期待李楠教练的重新回归。

CHAPTER 5 第五章

运动员参赛过程中的自我控制理论解析及案例分析

自我控制是指人适时地调整自己的行动、情绪以及其他各种活动，以符合完成某种活动目标的需要。运动员在比赛中很容易受到各种信息的干扰和影响，为此，良好的自我控制成为运动员在比赛中不可缺少的一项基本能力。运动员赛场行为自我控制包括对赛场的感知，对赛场形势做出的自我判断以及比赛时的赛场应对。赛场感知由自身状态感知、对手信息感知和竞赛现场信息感知所构成。运动员的自我判断要求运动员要有充足的竞技知识和丰富的赛场经验。然而赛场形势变化多端，要求运动员不论是在正常的表现形式下、失常的表现形式下，还是超常的表现形式下，都要做到临危不惧，适时合理地进行自我判断和调整，以便顺利地完成比赛，达到理想的比赛效果。

比赛中情绪的好坏往往直接影响运动员的比赛成绩，不同的比赛情绪即显现出不同的比赛水平。运动员的参赛动机决定着运动员参加比赛时的动力，这种动机来源于两个方面，一方面来自于个人的内部，即运动员积极参加比赛，达到预定目标，实现自我价值，其动力持续时间较长。而外部的动机则体现在物质奖励对运动员参加比赛积极性的影响，满足运动员心理上的需要。在比赛中，情绪积极的运动员自信心较为充足，头脑清晰，目标明确，感知能力准确，身体灵活有力，动作轻松自如，更容易获得比赛胜利。而情绪消极的运动员则表现为过分激动和紧张，对比赛感到胆怯恐惧，甚至淡漠，比赛的兴奋度不够，欲望不强。在这种情况下，合理地摆正自己在比赛中的位置是前提，及时调整比赛中的状态是关键，同时将赛中目标分为一个个小目标，逐一突破，并时刻保持必胜的信心，“聚沙成塔”，以实现最终的比赛目标。

竞技能力是指运动员参加比赛的能力，然而这种能力的高低在很大程度上取决于运动员比赛时的自我控制能力，运动员赛场自我控制能力的培养能够使运动员较好地发挥其自身的竞技能力，实现参赛目标。良好的感知能力可以让运动员及时获得赛场信息，迅速地做出赛场判断，从而导致行动的产生，并且左右着运动员的情绪。因此，对运动员赛场自我控制能力的培养成为运动训练中的重点，包括对运动员的感知觉、正确处理竞技信息、情绪调节、集中注意力、注意力转移、随机变换等能力的培养。根据竞技比赛的竞赛组织特点和运动员参赛表现，将竞技体育项目分为三类，包括变异动作组合类对抗性项目、固定动作组合类间歇重复性项目、固定动作组合类周期持续性项目。我们要按照这三类项目的竞技特点和运动员在比赛中自我控制表现，有计划地进行一系列的运动训练。

比赛战术是指在比赛中为战胜对手或为表现出理想的竞技水平而采取的计谋和行动，是运动员（队）竞技能力整体水平的重要构成部分。运动员能够在比赛中创造出优异的成绩往往与战术水平的发挥有着紧密的联系。一份完整的参赛战术方案也成了比赛胜利的关键。比赛前教练员和运动员要充分地了解战术指导思想，根据运动员及其对手的竞技能力和比赛中情况合理地设计出相应的参赛战术，然而，比赛现场变化多端，随时会有突发情况发生，这时，就需要运动员凭借自身积累的比赛经验和决策技能，做到随机应变，灵活运用自己已有的竞技能力应对困难。同时，创造思维的开发也使得运动员在比赛中遇到困难时做到思维活跃清晰，解决问题时得心应手，毫不慌乱，以便顺利完成比赛。这种应对能力是一名优秀运动员所必须具备的条件。

运动员赛场的道德自律要求运动员在赛场上对自己进行自我管理和约束。当今世界竞技体育竞争激烈，不乏出现使用兴奋剂、不遵守比赛规则等不正之风，比赛成了某些人追逐名利的场所。竞技体育的公平性和公开性要求体育赛事要做到对手之间公平竞争，竞赛程序规则公开透明。同时一名优秀的运动员参与比赛时也要做到遵守比赛规则、尊重对手、尊重裁判、尊重教练员、尊重观众。这是最基本的体育道德，只有在公平竞争的基础上，比赛才有价值和意义。奥林匹克精神一直在弘扬相互理解、友谊、团结和公平竞争的精神，其目的就是促进各个国家人与人之间的交流，构建一种和谐的文化氛围，这种体育运动精神应当时刻伴随在运动员的心中，这才是体育人该有的姿态。

案例 5-1

埃蒙斯连环失误成就他人夺冠

说到马修·埃蒙斯，他可能是奥运史上最“倒霉”的射击运动员了，这个世界上前 9 枪打得最准的人，连续三届奥运会都因自己最后一枪的失误，将宝贵的金牌拱手让给他人，成就了贾占波和邱健两位奥运冠军。他生于猎人之家，但却在高中时才接触射击，曾经一个 FBI 的枪械教员告诉他：“你去玩枪吧，只要你拿到了射击的冠军，你就可以拿到大学奖学金。”为此埃蒙斯走上了射击的道路。

2004 年雅典奥运会，男子步枪 3×40 决赛的现场，前九环位居第一的埃蒙斯无人能敌，领先中国选手 3 环，最后一环，中国选手贾占波打出了 10.1 环，对于埃蒙斯来说，哪怕失误打出个 8 环，也能拿到金牌，然而，埃蒙斯绝对没有想到，幸运女神并没有眷顾他，剧情开始逆转。

在最后一发子弹打出后，电子计分屏上迟迟没有出现成绩，埃蒙斯也向裁判员证明自己的确开了枪，经过裁判的检查，最后认定，站在二号位的埃蒙斯将子弹打到了三号位选手的靶面上，且电子计分屏上的确显示三号位靶上多出了一个 8.1 环的成绩。于是埃蒙斯最后一枪得分为零，瞬间从第 1 名掉到了第 8 名，而中国选手贾占波逆袭成为金牌获得者。

2008 年北京奥运会，男子 50 米步枪三姿决赛，埃蒙斯将优势领先到 3.3 环，意味着最后一环即使对手发挥超常打到 10.9 环，埃蒙斯也能以发挥失常 7.7 环的成绩赢得金牌，然而，命运再一次地捉弄了他，最后一枪 4.4 环，埃蒙斯这次并没有脱靶，可是他失误了，这个失误让他直接从第 1 名掉至第 4 名，再一次与奖牌擦肩而过，而这次的冠军还是中国人，他叫邱健。

2012 年伦敦奥运会，埃蒙斯卷土重来，还是男子 50 米步枪三姿决赛，第九枪结束后，埃蒙斯位列第二，与第 1 名意大利选手相差 5.8 环，这是一个难以超越的分数，这时的埃蒙斯只要打到 9.4 环以上就能保住自己的第 2 名，遗憾的是，这个前九环平均分数为 10.1 环的男人却又一次在最后一枪跌倒，他打出了 7.6 环，错失了银牌，保住了铜牌。赛后接受记者采访时埃蒙斯用微笑掩饰了自己这么多年失利的无奈。三届奥运会，皆因最后一枪的失误导致自己三次与奖牌擦肩而过，这是何等的忧伤。

【案例分析】

运动员赛场行为的自我控制包括运动员对赛场的感知、面对赛场形势做出的自我判断以及赛场应对。埃蒙斯每次在最后一枪都忽视了对赛场信息的获取和处理以及自己行为状态的适时调整，以至于对赛场形势的判断出现了误差，从而导致得出的判断和目标意义相反，进而导致失误的产生。埃蒙斯真的太想成功了，这种急切的心情是可以理解的，但是无论如何作为一名运动员都要学会去控制好自己的比赛状态，毕竟奥运会四年一次，一名运动员的职业生涯又有多少个四年可以等候。然而对于自己三次失误的经历，埃蒙斯已经很坦然了，相信在多次经历这样的状况后，埃蒙斯以后遇到什么困难都能够泰然处之。

案例 5-2

比赛受伤，巩立姣家门口错失金牌①

2015 年北京田径世锦赛女子铅球比赛，备受观众瞩目的夺冠热门选手巩立姣成为关注焦点。第一投巩立姣就投出了 20 米 30 的傲人成绩，这一投让巩立姣接下来的比赛信心十足，但是也不乏好成绩后带来的压力，第二投如果能投得更远那最好不过，如果投不好，那将会影响后续的投掷，然而第二投，意外还是发生了，巩立姣作为支撑腿的右腿用力过猛，突然出现抽筋现象。

突如其来的意外让巩立姣有些措手不及，“我第一次在重大比赛中投出这么好的成绩，可能也是想得太好了，太想证明自己了，导致右脚用力过猛。投完第一球后，第二球就抽筋了。我从来没有遇到过这种情况，怎么克制都克制不了。”赛后巩立姣回忆，当时投完第二球后抽筋现象越来越严重，严重影响了她的比赛发挥。在投掷间歇期间，教练布置战术时，她不断地进行自我按摩，反复蹬地。然而，不论怎么去调整，也没有找回第一次投掷的状态。

“只差了 7 厘米，还是觉得有点可惜。我还是有点急于求成了，让自己状态出来得太早了，用力过猛。”最后德国选手施瓦尼茨第三投投出了 20 米 37，锁

① 范佳元，刘硕阳，陈晨曦．巩立姣终于让奖牌换了颜色 银牌，很知足但不满足［EB/OL］．（2015-08-23）［2020-09-09］．http://sports.people.com.cn/n/2015/0823/c14820-27502091.html.

定了金牌，巩立姣最后获得了一枚银牌。

【案例分析】

比赛中出现失误现象是常有之事，此时也是对运动员自我控制能力的极大考验。很显然，巩立姣这次比赛因为自己的意外受伤而导致发挥失常，出现了“克拉克”现象，出现抽筋后，巩立姣立刻做出了自我按摩、反复蹬地等一系列的补救措施，用积极的行为去诱导和提示自己，进行赛场的自我控制，尽可能地调整自己的状态和心理，使得第二、第三投都投出了 20 米以上的好成绩。无奈的是对手发挥过于出色，超过了自己，虽然实现了自己定下的将奖牌换个颜色的目标，但不免还是有些遗憾。瞬息万变的赛场时有意外发生导致运动员丧失运动技能的自动化，造成身体损伤、运动成绩不佳的事情发生，所以在平时的训练中也要加强运动员对赛场形势的感知和判断能力，提高运动员对遇到突发情况时的判断能力，以最佳的状态迎接比赛。

案例 5-3

王皓雅典奥运会失利启示

2004 年雅典奥运会乒乓球男子单打决赛，对阵双方分别为中国队名将王皓和韩国队“新秀”柳承敏。之前的半决赛中，王皓以 4∶1 淘汰队友王励勤，柳承敏 4∶1 战胜瑞典名将瓦尔德内尔，看得出两个人当时的竞技状态是相当好的，实力不分上下。此外，在前几次的交战中，王皓均完胜柳承敏，并且中国队在封训期间一直将柳承敏作为主要对手来研究，队里的陪练也是一直在模仿柳承敏的打球方式，所以说王皓战胜柳承敏应该是有把握的。只要保持好自己应有的竞技状态，拿下这枚金牌是没有什么悬念的。王皓自己也在赛前表示：“对柳承敏的战绩是全胜，因此心理上还是有优势的，所以在决赛中，最重要的是要保持良好的心态。”

然而在这场输不起的决赛中，面对拼劲十足、面目全非的柳承敏，王皓却慌了神。面对对手疯狂的侧身拉冲，王皓的防守能力逐渐下降，在接发球环节，屡次出现严重失误，击球质量不高，出球过于保守。而有所准备的柳承敏却放松了自己，越战越勇，多次做出侧身爆冲的手法，步伐灵活轻巧，让王皓压力倍增。

于是，拥有直拍横打的两面先进打法的王皓以2:4输给了直板单面左推右攻的柳承敏。

【案例分析】

说到王皓在雅典奥运会的落败，很多人都指出他心理素质过于薄弱。同与自己一个时代的队友马琳、王励勤等人相比，他的心理素质的确差强人意。同时对于当时的情况，柳承敏赢了是光荣，输了也无可厚非，不丢人，而王皓却顶着中国要在这个项目一直保持卫冕的压力，只能赢不能输。于是，想要赢得比赛的思想包袱让王皓的战斗力直线下降。一方面，大赛经验的相对匮乏使得王皓很容易在大型比赛中因情绪紧张而影响比赛的发挥；另一方面，善良的本性，憨厚的脾气，一切听从教练安排的好性格，使得他在决赛中很难放开去享受比赛，导致几年来，王皓一直背负着“心理素质太差，大赛关键时刻掉链子”的坏名，但无论如何，能进入奥运会的赛场为国争光不是所有人都能做到，王皓也竭尽了全力，我们要多一些宽容和理解。这场比赛后，我们更多的是要思考面对类似的运动员，我们如何对他们进行心理方面的训练以及疏导，以应对各种大型的赛事，稳定发挥出自己的竞技水平，为国家争得荣誉，这才是我们所要关注的重点。

案例 5-4

中国女排的坚持成就今日的辉煌

在2016年里约奥运会的赛场上，中国国旗伴随着激昂的国歌再一次在排球赛场上冉冉升起，而让这国旗升起的人就是巾帼不让须眉的中国女排！

中国女排的五连冠传奇

从20世纪70年代开始，主教练袁伟民带领着女排姑娘们在经济极其困难的情况下开始了魔鬼般的训练，为的就是完虐性地压倒日本，取得冠军！最终她们做到了，在以“铁榔头”郎平为首的队员的努力下，她们终于在困苦的条件下杀出一条血路。1981年11月16日，国际排联女排世界杯，郎平和她的队友们以7战7胜的傲人成绩完胜主场作战的日本队，拿下了第一个世界冠军。1985年再次夺冠！1982年夺得国际排联女排世锦赛冠军，1984年洛杉矶奥运会摘金，

1986 年夺得女排世锦赛冠军！郎平作为中国女排的领头人物，成为历史上第一位作为球员和教练身份获得奥运会金牌的运动员。

砥砺前行的黄金一代

20 世纪 90 年代，中国女排一度又进入了低谷，但是她们依然不畏艰辛，砥砺前行。2000 年陈忠和教练开始执教，通过更为艰苦而又漫长的训练，让中国女排进入了“黄金一代”。2001 年获得女排大冠军杯赛冠军，2002 年获得釜山亚运会冠军，2003 年又接连获得瑞士女排精英赛、世界女排大奖赛、亚洲女排锦标赛等各类国际赛事的冠军头衔，中国女排渐入佳境。2004 年雅典奥运会，面对强大的对手俄罗斯女排，中国女排在先负两场的情况下奋勇拼搏，团结进取，最终打出惊天逆转获得奥运冠军，那一瞬间，多少中国人热泪盈眶！2008 年姑娘们以一枚铜牌收官北京奥运会，再次陷入短暂的低谷时期，但她们依然没有放弃！因为有前辈的力量在支撑着她们，激励着她们，不论遇到怎样的困难，中国女排不能退缩！

卷土重来的新一代女排

2016 年的夏天，中国女排再次让全国上下沸腾。小组赛一路坎坷。四分之一决赛，在一片嘘声中，女排姑娘们顶住比赛的压力和环境的干扰，以 3∶2 完胜东道主巴西队，拦腰斩断了对手想要实现三连冠的前路，拿下了关键的一局晋级四强，半决赛成功打败荷兰女排挺进决赛。然而，决赛的道路也是一波三折，中国女排迎战塞尔维亚，在先输一局的情况下加强发球和拦网，以 3∶1 逆转获胜，时隔 12 年中国女排再次让国歌在奥运赛场上响起！

【案例分析】

赛场情绪对于运动员比赛成绩的影响非常大，对于同场对抗性的比赛项目来说，往往一球的失误、对手发挥出色、时间的不足都会成为影响运动员比赛情绪的因素，女排的成功不是偶然的。首先，她们参赛动机端正，目标方向明确。女排精神指引着她们要永不服输，永不放弃！不论之前的成绩如何，既然来参加比赛，就是奔着冠军来的！运动员要有强烈的参赛动机，教练员也要做到激发运动员正确的动机行为。

其次，积极的比赛情绪是确保技战术水平正常发挥的关键，运动员的比赛情绪很容易受到各方面因素影响，这时教练员与运动员之间、运动员与队友之间都要做到积极地鼓励和调整，即使出现失败，也要做到主动去克服消极情绪，争取下一次的胜利。我们看到，在里约奥运会上，即使姑娘们出现失误输了球，郎平教练也都时刻保持沉着冷静，不影响姑娘们的情绪，并予以极大的鼓励和支持，这才造就了中国女排在里约奥运会赛场上创造出的辉煌！

案例 5-5

篮球新秀：打好球，更要学会控制情绪[①]

卢卡·东契奇，斯洛文尼亚职业篮球运动员，现效力于 NBA 达拉斯独行侠队，作为年轻一代的篮球运动员，东契奇展现了自己不俗的实力，16 岁时就完成了自己的职业联赛首秀，多次刷新欧洲联盟中 17 岁以下球员场上数据和评分指数的纪录，NBA 历史上首位在全明星周末前砍下 1100 分的 19 岁及以下的球员，被球迷称为“幼年詹姆斯”。

然而，也许还是太过年轻不够成熟，在 2019 年 1 月 19 日独行侠队对阵步行者的比赛中，东契奇遭到对方防守球员的重点关注，投篮命中率极低，情绪低落的东契奇竟然将球踢到观众席，最后因累计两次技术犯规加满被逐出场，赛后东契奇也受到了相应的惩罚，罚款一万美元。同样在 23 日对阵快船的比赛中，上半场东契奇 7 投 2 中，仅得到 6 分，可能对自己的表现十分不满意，半场结束时居然撕烂了自己的球衣，下半场继续表现不佳，被教练换下场，情绪不佳的东契奇直接将工作人员递来的毛巾扔掉，让在场所有人为之震惊。

【案例分析】

东契奇作为 NBA 的新秀不论是进攻还是防守都非常全面，得到了很多人的认可和关注，然而在球场上撕扯衣服，将毛巾扔在地上，将球踢出场外虽然是运动员在宣泄自己不满的情绪，但是于情于理这种过激行为都是不可取的。竞争激

---

① 体坛马后炮．踢球被罚款一万，如今又当众怒撕球衣，19 岁东契奇或再领罚单？［EB/OL］．（2019-01-23）［2020-09-09］．https://baijiahao.baidu.com/s?id=1623454276880713989&wfr=spider&for=pc.

烈的赛场上，出类拔萃者被对方重点盯防也是常有之事，进攻时不会按照自己预想的那样顺利也是情理之中，年仅 19 岁的他心智上还未完全成熟和强大，他需要一定的时间去调节和控制好自己的情绪，这也是一名优秀的运动员必须具备的条件。

案例 5-6

罗雪娟雅典奥运会赛前、赛中的调整与控制

一般来说，赛前的调整都是以恢复为主，进行强度较小的训练或者不再进行训练。罗雪娟的教练张亚东在雅典奥运会前为她安排了为期三周的赛前控制计划，前一周进行调整，后两周训练和调整相结合，以确保在即将到来的比赛中稳定地发挥已有的竞技能力。

赛前的室外适应性训练最主要的问题是光照对运动员产生的影响，在到达雅典后的室外游泳池训练时，刺眼的阳光让罗雪娟头晕目眩，无法再进行训练，训练情绪开始低迷，教练员立即去室内馆了解情况，为罗雪娟安排了在室内的小型游泳池内训练，很快罗雪娟恢复到了正常的状态。

赛前运动员情绪的调整是非常重要的，可以影响到运动员在比赛时的水感，因此教练员张亚东时刻关注罗雪娟的情绪变化，妥善解决各种问题，保证运动员拥有良好的心理、生理状态。在比赛前一天晚上，教练一直陪着罗雪娟做各种拉伸活动，与她闲聊，创造轻松愉悦的氛围，他用言语激励着罗雪娟，告诉她：“你是最棒的，没有人比你更好！”用情绪感染运动员的方式，可以使她增强自信，充满斗志。

对于比赛的战术安排，张亚东教练有自己的一套方案。张亚东要求罗雪娟在预赛的成绩要在 1 分 08 秒 5 到 1 分 09 秒之间，半决赛要在 1 分 07 秒 5 到 1 分 08 秒之间，保证名次在小组前三进入决赛。然而在半决赛时，由于罗雪娟过于轻敌，发挥并不理想，惊险进入决赛，于是张亚东教练从决赛当天中午就开始给罗雪娟进行战术分析，介绍对手情况，并且回顾以往训练情况，告诉她相信自己的能力，以提高她的兴奋性，重视晚上的决赛。

【案例分析】

游泳是一项集速度和耐力为一体的体能主导类项目，对运动员自身状态的感知和肌肉本体感觉的精确性要求较高，尤其是对水的感知和水中方位的感知，都可以影响运动员比赛时的状态，张亚东教练在比赛前期安排了详尽的赛前训练计划和赛中控制方案，并多次给予语言和行动上的鼓励来激励运动员，力争拿出最好的赛前状态，让运动员全身心地投入比赛，同时赛中的战术以及心理指导也在一定程度上增强了运动员比赛的斗志，使得运动员在赛场自我控制更加完善。

案例 5-7

浅析击剑比赛中自我控制能力的培养①

当今世界击剑技战术水平发展迅速，比赛争夺愈加激烈，并且竞赛时间缩短，形成高密度攻防抢反的特点。因此，在比赛中运动员的自我控制能力尤为重要。在日常击剑训练中，通过心理学中人类个性能量系统的研究，在本我、自我、超我的能量分配中分析运动员的心理变化，进行有效的行为引导，同时根据青少年击剑运动员心理训练的特点，研究其在自我控制能力中的特殊性。

自控能力的培养

1. 知己知彼

为了克服或消除不良心理反应，最根本、最有效的途径就是针对自身的刺激因素采取积极有效的方法予以调节。兵法讲：知己知彼方能百战百胜。因此要想成为一名优秀的击剑运动员，首先应了解自身的长短处，还要尽最大可能熟悉了解对手，充分利用现代科技手段分析对手的准确信息，这样才能在比赛中扬长避短、克敌制胜。

2. 加强意志和信心培养

这本身也是提高自我控制能力最重要的方法。自我控制是随意志的变化而变化的，没有坚定的意志和克服困难的坚定信心，要获得较强的自我控制能力是不

① 张学工．浅析击剑比赛中自我控制能力的培养［J］．搏击：体育论坛，2013，5（08）：58-60.

可能的。这就要求运动员在比赛中对各种刺激因素要敢于拼搏，善于拼搏，要对自己的能力有坚定的信心和对胜利充满渴望，以及做好胜利到来的心理准备。它是一个系统培养过程，要贯穿训练和比赛的始终。

3. 自我暗示控制

不管在赛前还是赛中、赛后，自我暗示都是进行自我控制的最佳手段，其目的是调整自身的心理状态，因为人是能够进行自我控制的系统。运动员一旦出现不良的心理反应，应以自我暗示的方法对自我施加影响，如我不能这样，这样对集体、对自己不好；要冷静，要放松，会有办法的；我怕他做什么；对手的弱点我知道等语言；有针对性的自我暗示能增强意志和控制情绪的稳定性；有意识地控制自己的注意力，从一个面慢慢集中到一个点或对手露出的薄弱点上，总之是要暗示自己积蓄更多的正能量。

4. 正确的心理定向疏导

通常缺乏自信心的运动员，他们往往在比赛或教学训练中总有一种消极的自我意象，通过平时训练的点点滴滴教会他们掌握驾驭思想的方法，用积极的自我意象换掉消极的自我意象，来提高运动员的自信心，因此运动员一旦掌握了驾驭思想的方法，改善了自我意象，成功就成了一种必然。想赢怕输与人的动机发展水平有关，当成功动机大于焦虑失败动机时，运动员表现出积极地完成比赛任务，敢于追求胜利的意象；消极意象时刻浮现想赢怕输，甚至不敢面对对手，最终导致失败；因此通过自我控制，目标的设置，合理的思维，尤其一个优秀的教练员会在平时的教学比赛中逐步使运动员树立想赢而不怕输的正确心理定向，时常告诉他们享受过程比结果更重要。

因此，击剑比赛中具有顽强的意志和对胜利的渴望，是进行自我控制行之有效的方法，并且把培养“亮剑”精神作为击剑运动员的“魂”贯穿训练和比赛始终，它会对击剑运动员在大赛中提高自我控制能力，乃至改变比赛结果产生质的影响。同时它也是一剂抗压良药，会给有悟性的、有勇气的“剑客”带来他想要的比物质财富更重要的东西。

案例 5-8

马龙左右手急速换拍轻松应对对手挑战①

2018 年 11 月中国乒乓球超级联赛，马龙作为山东鲁能队的核心球员出现在了比赛赛场，这次马龙是带伤出战，让很多人为他捏了一把汗。

第六轮比赛山东鲁能对阵安徽朗坤，作为国家乒乓球队的队长，老将马龙用实力向我们展示了自己超高的球技和临场反应能力。在比赛的决胜局关头，马龙率先发球，对手周启豪将球迅速反打到马龙的右手边，且弧度较大，如果马龙回打这一球，周启豪就会迅速打到马龙的左手边，接球的难度大，失球率极高，不过老将不愧是老将，丰富的比赛经验让马龙遇到这样的难题时能轻松自如地解决。马龙将球迅速地反打过去，让周启豪意想不到的是，马龙迅速将右手拍换到了左手，漂亮地完成了一记绝杀，这一球让周启豪有些措手不及。此次比赛山东鲁能队俱乐部整体上表现十分出色，每场比赛都获得了球迷的关注，最终，山东鲁能以 3:0 的好成绩战胜了安徽朗坤，可谓激动人心！

【案例分析】

遇到对手抛出的难题，马龙即使带伤出战，也并没有影响到他的发挥，依然能够在赛场上果敢地做出决策，找到了进攻的突破点，发挥出了一名优秀的乒乓球运动员该有的竞技能力，为自己的队伍争得荣誉。在赛场上，运动员要以体能为动力，以良好的战术意识为指导，灵活地运用已有的专项技术，积极感知场上的攻守变化，做到在赛场上灵活自如地应对各种难题，掌握场上的主动权。

案例 5-9

李雪芮奥运会带伤参战和郑智理性面对裁判判罚启示

2016 年 8 月 18 日，里约奥运会羽毛球女单半决赛中，中国选手李雪芮在第

① 小默说体育．马龙伤后首次出赛，临场发挥左右手急速换拍，惊艳全场！［EB/OL］．（2008-11-24）［2020-09-09］．https://baijiahao. baidu. com/s? id=1617974893042887064&wfr=spider&for=pc.

二局16:17落后时起跳后仰救球，左腿在支撑落地时扭到了膝盖，意外受伤。经过现场医护人员的简单处理及队医的检查后，李雪芮戴上护膝，依然坚持完成比赛，但最终以0:2不敌西班牙头号种子选手马林，无缘决赛。赛后总教练李永波表示："李雪芮表现得非常好，拼得非常不错！"

2017年中超赛场，广州恒大主场对阵北京国安队，迎来了中超联赛的首场比赛，最终以2:1战胜对手。然而在这场比赛中，恒大队长郑智被裁判员出示两张黄牌遗憾退出比赛，不过慢动作回放显示郑智第二张黄牌有点冤，随即试图和主裁判解释，但主裁判依然坚定地将郑智罚下场。

比赛结束后，主裁判的判罚受到诸多争议，郑智立刻被采访区记者围住进行采访，郑智对自己被罚下场表达了自己的观点："足协有规定，不能评价裁判，这个是绝对不能评价的。比赛有规定，有尺度，我特别尊重裁判的判罚。"同时，郑智也对在场的球迷观众进行了称赞："我认为球迷是最可爱的，不论是电视机前的，还是现场的，球迷们无论是来到现场还是在电视机旁，他们都想看到精彩的比赛，想看到高水平的比赛。我们球员的水平，虽然不像欧洲那么高，但是我们很希望用好的表现，踢出好的结果，能够取得开门红。"

【案例分析】

体育竞赛的赛场不仅考验运动员的竞技水平和比赛能力，同时也在考验运动员是否具备较高的职业道德素养。李雪芮赛场意外受伤，却坚持完成比赛，让对手顺理成章地进入了决赛，表现出了对对手的尊重，对奥运赛场的尊重，同时也彰显了运动员自身顽强拼搏、维护大局的良好道德品质，即使输了比赛，还是获得了大家的赞扬和尊重。恒大队长郑智在遇到裁判的争议判罚时的表现，也体现了他较为宽容的心态，即使裁判出现误判，作为运动员也要从维护赛场公正和体育道德的角度出发，语言要得体，不可做出有损人格、违背体育道德的行为，同时在现场对支持队伍的球迷表达好感，也是对观众最大的尊重。郑智在赛后做出的理智的行为也得到了大家的赞扬。

案例 5-10

罗伯斯打手刘翔，痛失金牌

2011 年 8 月 29 日晚，韩国大邱田径世锦赛男子 110 米栏大赛，备受关注的中国飞人刘翔和古巴名将罗伯斯分别站在了 6 道和 5 道，这是刘翔伤愈后第一次如此接近世界冠军。前程罗伯斯领先，后程刘翔不甘示弱，超越罗伯斯，眼看金牌即将被刘翔收入囊中，意想不到的事情发生了。就在刘翔即将跨过最后一个栏架时，罗伯斯的右手打到了刘翔的左手，干扰了刘翔比赛的节奏使其痛失好局，最后刘翔被带坏节奏，以 13 秒 27 第三个冲过终点，罗伯斯获得冠军。随后中国代表团立刻向国际田联申诉，田联官员在多次观看录像后，确定罗伯斯打手犯规，取消其比赛资格，撤销金牌。刘翔最终获得银牌，金牌被美国小将理查德森获得。

在此之前，刘翔已经以 12 秒 95 获得了大阪世锦赛 110 米栏冠军，上演了“九道奇迹”，2009 年的柏林世锦赛，刘翔因伤遗憾缺席，因此，大邱世锦赛是刘翔伤愈后离世界冠军最近的一场比赛，也是令观众最为期待的一场比赛，这场比赛也聚集了罗伯斯、奥利弗这些名将，比赛精彩程度由此可见。然而，比赛出现了这样的意外，是所有人都没有想象到的。

【案例分析】

当代竞技体育正向着高速度、高强度、激烈对抗的方向发展，虽然竞技体育运动的宗旨是公平竞争，但是在社会文化背景、教练员传授理念等各种因素的影响下，赛场上的运动员很容易与对手产生冲突，甚至产生攻击性的行为。攻击是一种伤害的行为，这种行为对攻击对象的身体或心理可能造成一定的伤害。不论动机如何，罗伯斯的行为显然是违背比赛规则的，是一种不良的比赛表现。赛后，罗伯斯受到了众人的谴责，也得到了应有的惩罚，而对于刘翔来说，在 110 米栏这种短时间的项目中受到攻击是很难做到当即的自我控制，只有发挥自身的拼搏顽强精神，完成比赛才是有效的行为。

案例 5-11

张娟娟单枪匹马成就中国射箭项目新辉煌[①]

射箭比赛一直以来都是韩国队的强项，在亚洲甚至世界都处于“霸主”地位，相当于中国的乒乓球。从 1984 年洛杉矶奥运会开始，韩国女子射箭队几乎囊括了该项目的所有金牌，然而在 2008 年北京奥运会上，中国选手张娟娟给了韩国队重磅一击，打破了韩国队射箭项目在奥运会上持续垄断的局面，来了一个霸气三连杀。

2008 年 8 月 14 日下午，比赛场上风雨交加，显然给比赛增加了一定的难度。先是四分之一决赛，张娟娟对战韩国选手朱贤贞，面对大雨，韩国选手显得不太适应，接连失误，连续几次打出 6 环的成绩，张娟娟发挥稳定，到第六箭时，张娟娟以 5 分之差领先，之后两人之间的较量，张娟娟也一直毫不示弱，最终以 106∶101 的成绩将韩国队第一位名将击败。

随后的半决赛，风雨依旧，张娟娟面对的是世界排名第二、人称“定海神针”的韩国选手尹玉姬，单枪匹马出战的张娟娟依然面无表情，保持着稳定的发挥，大比分领先的状态让韩国选手倍感压力，甚至有些慌了手脚，最终张娟娟在大雨中以 115∶109 再次打败韩国选手，挺进决赛。多年来在射箭领域一直处于世界领先地位的韩国队在这一刻遇到了强劲的对手。

比起前两轮的比赛，冠军的争夺显得有些艰难。韩国选手朴成贤作为世界排名第一的名将，前三环仅丢失 1 分，以 29∶26 领先，一开场张娟娟就处于劣势，但她并没有气馁，挺起身板调整状态继续战斗。随后，朴成贤却接连失误打出几个 8 环，张娟娟乘机追击，九箭结束后张娟娟领先对手两环。最后一箭，朴成贤展现了世界第一的强势状态，命中 10 环，也就是说，张娟娟必须射中 9 环或者 10 环才能夺得比赛的胜利，此时，所有人的神经都紧绷着，期待着张娟娟创造历史。然而，她做到了，风雨之中，张娟娟顶住压力，射出了 9 环，以一环之差获得了 2008 年北京奥运会女子射箭个人赛的金牌，实现了中国射箭队在奥运会上金牌零的突破！同时也打破了韩国队 24 年来在奥运会上对射箭项目金牌的垄断！

---

① 小鱼儿 . 体坛往事 3：最激动人心，北奥张娟娟连斩 3 名韩国选手获射箭金牌［EB/OL］.（2019-12-30）［2020-09-09］. https://baijiahao. baidu. com/s? id=1654345349421564141&wfr=spider&for=pc.

赛后张娟娟接受记者采访时说道："今天能取胜的重要原因是自信，我一直坚信能打败韩国选手，现在终于做到了。"

【案例分析】

北京奥运会张娟娟能够获得这枚金牌实属不易。要知道韩国队对于射箭项目的统领相当于中国的乒乓球，并且连续24年在奥运会上包揽了这个项目的金牌，因此想要突出重围，获得金牌，实在艰难。此次决赛中三名韩国的世界名将和极其恶劣的天气变化对唯一一位中国选手张娟娟来说显然是一场巨大的挑战，赛前张娟娟也表达了自己的压力，在家门口比赛，全国观众的目光都聚集在她的身上，同时自己对金牌的渴望也让她给自己定下了更高的目标。

回顾比赛，韩国队的频频失误和张娟娟的从容淡定形成了鲜明的对比，在实力相当的情况下，比的就是心态。良好的心态是比赛正常发挥甚至超常发挥的重要保障，积极的比赛情绪，充足的自信让张娟娟在赛场上的感知能力更加的准确全面，每一箭的射出都在自己的意料之中，即使出现了偏差，也能及时调整好自己的心态，摆正自己的位置，再大的风雨也难以影响她稳定的心态，所以能够获胜足以证明张娟娟的强劲实力和内心的足够强大。

案例 5-12
德约科维奇赛场情绪的自我调控

网球比赛与其他隔网对抗性项目的比赛一样，运动员的情绪总是随着比分的高低而此起彼伏。赢球，运动员会有暂时性的兴奋状态，丢分，运动员的情绪就很容易紧张和焦躁，从而导致技术动作的变形，比赛的失误率直线上升。有的球员在失利后会做出摔椅子、砸球拍甚至对在场的人口出狂言、发生肢体冲突等过激行为，影响比赛的秩序。而德约科维奇作为坐拥17个大满贯的网球运动员，一直以来都有自己的赛场情绪控制方式。

2019年温网男单决赛是两位网球神仙之间的对决，德约科维奇迎战费德勒。强强对决必定是激烈的，因此便出现了男单决赛少有的长盘较量，在战至12∶12时还触发了温网的新的比赛规则（为避免比赛时间过长，温网今年起规定12平后进行抢七），决胜盘第16局8∶7时费德勒拿到了发球胜赛局和连续两个赛点，本以为能稳赢的费德勒此时出现了巨大的心理波动，发球威力减小和回球过于保守使得德约科维奇抓住了机遇进行强有力的攻势，最后实现了翻盘，德约科维奇捧起了他运动生涯第16个大满贯。

纵观整场比赛，几乎所有的技术统计数据都显示费德勒领先于德约科维奇，最后的两个赛点也都将胜利的天平偏向了费德勒，但最后德约科维奇在如此艰难的处境下获得了胜利，的确令人佩服他强大的比赛心理。上场前，他就告诉自己“无论今天发生了什么，我都不能生气”。尽管比赛中观众更多的呐喊给了费德勒，他也就当观众在为他助威呐喊，如此情绪的自我调控和注意力的转移的确起到了很好的心理作用。

之后的一次新闻直播，记者提问德约科维奇是如何在赛点找回冷静和自信时，他透露了自己情绪调控的秘诀，那就是呼吸和冥想。他认为，正确的呼吸节奏是理解和改善心理、身体和情绪状态的关键，这样的呼吸使他拥有更多的活力，而冥想能让自己的内心排除外界环境的干扰，趋于平静。

【案例分析】

网球项目的比赛球速快，比赛过程多变，技术动作一旦出现失误就很容易失分，对抗的双方都力争在一定时间内找到对手的弱点来展开较量，这对运动员视觉、听觉、触觉和本体感觉等方面要求较高，因此运动员在参赛的过程中身体各系统会处于高度的应激状态。许多运动员会通过自己独有的方式来控制自己的比赛状态，例如，案例中的德约科维奇会通过自我暗示来给自己鼓劲，用深呼吸和冥想让自己保持镇定，还有费德勒在发球前用拍框磕一下球，纳达尔会整理自己的头发或者扯一下裤子等，这些小动作都会让运动员平复内心的波动、找回熟悉的比赛节奏、集中注意力于下一球的对抗等。所以，德约科维奇在温网决赛最后的逆袭成功，与其说是战胜了对手，不如说是战胜了自己！

案例总结

一场比赛的结果，主要取决于运动员和对手在比赛中所表现出来的竞技水平以及比赛结果的评定行为，运动员的竞技能力只有在比赛中表现出来才会得到认可，因此竞技能力的充分发挥在比赛中至关重要。而竞技能力是否能正常发挥又在一定程度上受到运动员自身行为、情绪、赛场环境等因素的影响，所以参赛过程中的自我控制显得尤为关键。案例中射击选手埃蒙斯和乒乓球选手王皓在比赛中的失误显然是比赛中自我控制处理不够得当的表现，一个是比赛中的判断出现失误，另一个是面对对手的强势攻击乱了心态。赛场形势变化多端，运动员不仅要有洞察比赛形势变化的能力，还要有准确判断能力和自我情绪调控能力，无论发生什么，先稳定住自己，才能有能力战胜别人。于是我们看到即使带伤出战，马龙在比赛中处理对手制造的难题时也能灵活应对，丝毫没有被自己的伤情干扰，对比赛获胜十分有信心。再看巩立姣和李雪芮在比赛中突发的受伤状况，这种意外是难以完全避免和控制的，即使自己做了补救措施也很难再找回原来的比赛状态，接着比赛情绪受到了影响，的确十分可惜。

赛场情绪的好坏容易直接影响比赛结果，不同运动员处理情绪的方式有所不同。年轻的 NBA 新秀东契奇在比赛中受挫时的过激行为是非常不可取的，也是心智不成熟的表现，还需要多加历练。而老将们在这方面就要成熟很多。例如，“女排精神”影响了我们国家一代又一代人，之所以如此深入人心，在于她们遇到任何困难险阻时都表现出了大无畏的精神，没有什么能够击垮中国女排，永不言弃是她们永远的代名词。还有一人战胜 3 名韩国名将的张娟娟，强大的心理让眼前的困难都变成自己冲向金牌的动力。

除了赛中的自我控制，赛前的状态调控也很关键，这就需要教练员团队的参与。罗雪娟的教练员在赛前一直关注她的情绪状态，陪她聊天，用自己饱满的情绪去感染她，这种赛前情绪的调控能让运动员充满斗志，以最佳的状态去迎接比赛。德约科维奇有自己赛前情绪控制的方法，这能让他排除一切干扰集中注意力于比赛当中，于是就有了他在重压下两次扳回赛点。

运动员在拥有高水平竞技能力的同时，赛场的道德自律也是评价一名优秀运动员的关键。体育运动重视对运动员道德品质的培养，奥林匹克精神也一直宣扬着道德品质的重要性，一切违背体育比赛道德的行为都是不可取的。我们看到恒大队长对于主裁的判罚产生质疑时对裁判员和赛场的尊重，以及刘翔比赛过程中遭遇对手干扰自己比赛痛失金牌的态度，都体现了他们作为运动员对对手的尊重、对裁判员的尊重以及对体育精神的尊重。

CHAPTER 6 第六章

运动员参赛过程中的心理干预理论解析及案例分析

心理因素是现代体育比赛中一个十分重要的决定因素之一，它可以直接影响运动员的比赛成绩。在比赛过程中，运动员会出现紧张情绪，积极的应激反应可以激励运动员的表现，在一定程度上有利于运动员的比赛发挥，反之，当这种情绪转化为紧张或者焦虑不安时，则可能会使运动员在比赛中出现失误，这是很多运动员都会表现出来的一种心理状态。在日常的运动训练中，运动队的心理医生会通过心理干预来缓解运动员的压力，减少焦虑情绪的产生以促进运动员竞技能力在赛场上的发挥。心理学与运动训练的完美融合也有利于我国竞技体育的发展，让更多的运动员摆脱精神上的痛苦，以最佳的状态迎接比赛的到来。

运动员接触不同的人群所使用的心理干预模式各有差别。主要的心理干预模式包括认知行为模式、多系统模式、整合组织模式、终身发展模式、家庭系统模式、婚姻治疗模式、社会教育模式、发展心理模式以及儿童教育模式九种。心理干预的方法又分为行为干预方法和认知干预方法，行为干预方法通过放松调节、生物反馈训练、系统脱敏训练和模拟训练四种方法使得运动员的神经肌肉达到放松的状态，降低运动员的应激反应。认知干预方法包括认知训练和表象训练，这两种用法在国内训练中仍旧广泛使用。

运动员参赛的目的就是要创造优异的比赛成绩，夺取比赛胜利。然而当今的比赛越来越激烈，比赛经验、比赛环境、自身竞技能力、对手的发挥都会对运动员的心理造成一定的影响，进而产生失眠、焦虑、恐惧、抑郁等心理问题。另外，过度训练会造成运动损伤和心理损伤，使运动员产生疲劳，自信心下降，优秀运动员会在比赛中产生“克拉克现象”，最终影响比赛成绩。正确且及时的心理干预可以缓解运动员的心理压力，教练员和心理医生要做好赛前的心理指导，赛中的技术指导和赛后的不良心理反应指导。

心理干预不是思想教育，要注重运动员心理维护和心理状态调控；心理干预不是短时间的执行，而是长时间的心灵之间的沟通，需要细入到运动员的生活之中；心理干预不是运动训练的全部，需要将体能、技能、战术、智能等训练相结合，才能成为一个完整的训练系统；心理干预不能过度或者不足，掌握适度原则，建立科学有效的评价指标和标准，“对症下药”才能做到“药到病除”。当然，运动员也不能过度依赖心理学家的心理治疗，教练员作为运动员身边最亲近的人，才是运动员心理干预是否成功的关键人物，他能及时对运动员的心理状态进行监测和干预，辅助心理医生完成对运动员的心理干预，所以将三者关系相结合才能解决好运动员可能出现的各种心理问题。

案例 6-1

中国跳水队备战北京奥运会的心理干预训练①

跳水作为中国队的王牌项目，多次让中国人为之骄傲和自豪，从 1984 年洛杉矶奥运会开始到 2016 年里约奥运会，中国跳水队已经收获 40 枚奥运金牌，38 枚世锦赛金牌。一名优秀的跳水运动员除了要有非常娴熟的跳水技巧以外，扎实的心理素质，确保“零失误”完成比赛也是运动员所必须具备的条件。为了增强运动员在比赛时的心理调控能力，确保他们在北京奥运会发挥正常水平，我国有关心理研究人员对重点参赛的跳水运动员进行心理训练与监控，尤其是心理干预训练取得了很大的成效，设计实施了有效的调节措施和方法手段。

到目前为止运动心理学家所采用的心理训练方法存在着很大的差异，在如何合理有效地实施心理技能训练的问题上尚未达成共识。大多数研究集中在单个心理技能训练或综合心理技能训练对操作绩效的影响，结合项目特征和运动员特点进行针对性、系统性心理训练的研究较为鲜见，导致在实践过程中可操作性不强。本研究紧密围绕国家跳水队科学化训练过程，根据奥运会备战需要结合运动员的特点采用表象演练、心理干预程序、生物反馈、赛前行为程序及短期咨询焦

① 张忠秋，赵国明，刘运洲，等．中国跳水队备战北京奥运会的心理训练监控［J］．体育科学，2009，29（11）：8-14，22.

点解决等方法对重点参赛人员进行心理干预。在此着重讲解心理干预训练。

1. 研究对象

中国国家跳水队备战2008年北京奥运会的全体运动员和教练员，其中重点运动员16人，教练员8人。

2. 研究工具

录音笔。

《运动员心理技能问卷》，该量表在国内得到广泛的使用，再测信度系数 $\gamma>0.742$，具有较好的信、效度。

3. 研究设计

单组前后测设计。

4. 实施过程

在奥运会备战中，采用心理干预程序对重点运动员实施了系统的心理训练，该程序包括4个阶段：

第一阶段，研究人员依据“认知—行为”模型理论，使用目标设置训练对被试进行心理干预。在实施干预时，要求被试记录自己一天的身心状况，作为心理干预日志，并用这些日志去检验心理干预的效果。

第二阶段，保留目标设置训练，引入放松训练。放松训练主要是以生物反馈的形式进行，采用“运用生理相干与自主平衡系统（SPCS）”对运动员进行训练。同时给运动员发放心理训练指导光盘（由笔者研发），让被试按照光盘的引导进行渐进式肌肉放松，作为自我训练的一部分。

第三阶段，保留目标设置训练和放松训练，引入表象训练。在简单的放松训练和注意集中训练之后，进行表象训练。表象训练一般是先让运动员观看自己最出色的动作的录像资料，然后在表象脚本引导下进行表象训练。

第四阶段，保留目标设置训练、放松训练和表象训练并引入暗示训练。暗示训练主要是以自我谈话的方式进行，利用简单的提示语进行自我调节。

由于奥运备战集训的特殊性以及运动员的个体差异性，每名被试平均每周进行1~2次专门的训练，每次训练大约30分钟，每个阶段持续5~8周，前后历时约6个月。在实施心理干预程序前、后分别对运动员的心理技能水平进行测试，在心理干预程序结束后由教练员和运动员对干预效果进行评价，并与运动员分别单独进行访谈，将谈话内容录音。

5. 结果与分析

心理技能水平测试显示，实施心理干预程序前运动员的心理技能总分为118. 89±9. 78分，实施心理干预程序后的心理技能总分为131. 25±6. 83分，配对t检验显示，实施心理干预程序前、后运动员的心理技能水平差异显著，$t=2.367$（检验数值的平均值有无差异性），$P<0.05$（指当假设为真时所得到的样本观察结果或更极端结果出现概率），实施心理干预程序后的心理技能水平比实施前高，表明心理干预程序是有效的。

心理干预程序结束后，让教练员和运动员分别对心理干预程序的有效性进行评价（采用5级评价法进行评定）。

结果如表6-1所示，93. 75%的运动员认为心理干预程序非常有效或比较有效，只有1人认为效果一般。所有的教练员均认为，心理干预程序非常有效或比较有效。也就是说，教练员和运动员均认可心理干预程序的效果。

表6-1　心理干预程序有效性的评价一览表

	运动员		教练员	
	n	**%**	***n***	**%**
非常有效	6	37. 50	3	37. 50
比较有效	9	56. 25	5	62. 50
一　般	1	6. 25	0	0. 00
不太有效	0	0. 00	0	0. 00
无　效	0	0. 00	0	0. 00
合　计	16	100. 00	8	100. 00

与运动员分别单独进行访谈，主要是了解心理技能的掌握和应用情况，并将谈话内容进行录音，分别对录音内容进行分析，结果显示，采用心理干预程序对运动员实施心理训练后，运动员自我调节能力及情绪控制能力增强，表象的清晰度增加，使用心理技能的频率增加。在质的研究中，如果两位或更多的研究者独立分析相同的资料，并得出相似的结论，即内在一致性，就是信度的强有力证明。在本研究中录音内容都是单独进行分析、交换意见后形成结论，对录音内容分析的结果是可靠的。

由于奥运会备战的特殊性，本研究采用了单组前、后测设计，实施心理干预程序后运动员的心理技能水平比实施前高，表明干预是有效的，但是，也不能排除其他因素的影响。根据三角互证原则，如果不同的资料来源或不同的资料收集方法的结果趋向一致，那么，就可以证实资料的有效性。本研究在实施心理干预程序后，由教练员和运动员对干预效果进行评价，并与运动员分别单独进行了访谈，运动员和教练员均认可心理干预程序的效果，访谈结果也表明运动员掌握和应用心理技能的水平提高。心理技能得分、教练员和运动员的评价及访谈结果均趋向一致，根据三角互证原则，在一定程度上可以认为，采用心理干预程序对运动员实施系统的心理训练，能够提高运动员的心理技能水平。

案例 6-2

台球运动员的心理干预训练①

台球运动作为一项高雅的室内体育项目，其高超的技巧性和趣味性一直广受大众的喜爱。台球运动在中国发展得很快，在职业比赛的赛场上，先后涌现了丁俊晖、傅家俊、梁文博等一批优秀的中国台球运动员，并创造出不少优异成绩。

台球运动是一项在安静状态下对抗的竞技体育活动，它不仅需要运动员拥有聪明的头脑去巧妙应对各种局面，同时对运动员技术发挥与心理稳定性要求极高。运动员要对自身的技术动作进行良好的控制，其干扰因素基本来自运动员本身。对台球运动员的训练培养总共分为三个阶段：技术动作的认识和定向阶段，技术动作的练习阶段，技术动作的协调和完善阶段。

我们知道知觉对于台球运动员来说是至关重要的，在比赛过程中，运动员不仅需要判断预击球的位置、主球的走动路线等客观情况，同时还应在控制球杆时熟练地感应各相关肌肉的活动以及平衡情况。此外，运动员在击球前要构想出目标球被击打后的运行轨迹，还要给对手设计障碍出难题，这一切都需要运动员有良好的心理调控能力才能做到。为此，在平常的训练中就需要加强对运动员的心

① 真球迷看体育．通过运动技能的形成看台球运动员心理训练方法，提高自我调控能力［EB/OL］.（2018-11-12）［2020-09-09］. https://baijiahao.baidu.com/s?id=1616924976589814888&wfr=spider&for=pc.

理调控训练。

1. 放松训练

放松训练可以使运动员的肌肉得到充分的放松，中枢神经系统得到调节，比赛注意力也更加集中，它包括渐进式放松训练和自升式放松训练。这两种放松训练皆可以让运动员进行自我暗示或者他人暗示，使得全身肌肉完全放松。台球运动员的放松式训练以控制呼吸为主，使运动员更加容易集中注意力于比赛当中。研究表明，平静沉稳的心态更有助于运动员创造出优异的运动成绩。

2. 表象训练

表象训练分为动觉表象训练和视觉表象训练。在台球运动中的表象训练要求运动员想象运杆技术、击球技术动作、击球位置、击球后球的走位等来加深运动员对动作的体会，提高动作技术和心理机能。

【案例分析】

台球运动对运动员心理素质的考验极高，良好的心态是运动员比赛获胜的关键，赛前要保持稳定的心理状态，赛中要高度专注于击球过程，保持平静心态，如果出现失球现象也不能过于激动以免造成更多的失误，若实在无法控制情绪，可以考虑转移注意力，比如观察对手和分析对手的比赛打法、战术策略或走位习惯等。赛后，教练员应与运动员一起分析比赛的表现和结果，正确面对成功与失败。总之，心理素质的培养不是一朝一夕的事，在平时的训练与比赛中要多加注意这方面的训练，多参加比赛，适应各种比赛情况。

案例 6-3

“凡尘”组合的非凡夺冠路

截至 2018 年 10 月，陈清晨和贾一凡位列世界女子羽毛球双打第 2 名，这对患难姐妹，经历了太多的风风雨雨才一步步走到了今天。在 2018 年之前，两人并肩作战，两次获得世青赛冠军，2016 年底四站公开赛冠军，2017 年包揽 6 个比赛的冠军，迅速登顶世界女双第一的宝座。两位年轻的姑娘迅速挑起了羽毛球女双比赛的大梁，但是在 2017 年底连夺中国和中国香港两站公开赛冠军后，两人开始了一次长达 9 个月的比赛低谷期，一度让两人濒临崩溃。

对于前期一直顺风顺水的两人来说这样的情况无疑是致命的，以前两人有一人状态不好时，另一人能顶住，而现在二人状态均不在线，这让其一度对自己产生怀疑，焦虑和不安伴随着她们。南京世锦赛卫冕失败，2018 年 5 月尤伯杯卫冕失败，亚运会团体赛输了，再加上亚运会团体赛贾一凡手背拉伤影响比赛，贾一凡表示："竞技体育的确很残酷，达到一定水平后，金牌可能不是唯一体现能力的事情，我只要能把学到的东西在比赛中体现出来就是进步。"这番话其实是贾一凡对自己的心理暗示，这种自我调节方式的确能在一定程度上让自己在心理上得到安慰，但是"治标不治本"，陈清晨直言："心里一直憋着释放不出来，当时已经在网上查好心理医生了，最后还是因为时间问题没有去。"

几次落败后，两人主要的情绪发泄方式就是一起哭，一起伤心难受，最难过的日子里两人一起搀扶走过，就是那段让人痛心的日子里把两人的心拉得更近了。她们比以前更加亲密团结，两人互相鼓励，互相促进，形影不离，慢慢地调整着自己尽快恢复原来的状态，陈清晨在亚运会接受采访时表示："我就不信了，我就不信我会一直输！只要不气馁，我总是有机会的。"这样的话让她们保持着高昂的战斗力，让她们一点点地找到了自信，找到了刚开始参加国际比赛时的心态。

"大难不死，必有后福"。转眼到了亚运会，两人又找回了原来的状态，连续击败了泰国、印度和日本组合，挺进决赛。决赛对手是世界排名第一的女双组合福岛由纪/广田彩花，胜利来得太不可思议，两人以 2∶0 击败对手，时隔 9 个月后再次站在最高的领奖台上。

赛后记者采访终于也让两人放松了许多，互相开起了对方的玩笑，从世界冠军到亚运会冠军，两人一路坎坷走了过来，靠的是对彼此的信任和理解，愿未来比赛的道路上两人能越走越顺。

【案例分析】

冠军之路一路坎坷走来实属不易，前期多次获得冠军的压力，外界对她们的期待等众多因素让两位姑娘在最低迷的 9 个月里经历了难以想象的心理耗竭。这种心理耗竭耗尽了她们本应该得到的荣誉，但并没有耗尽她们想要再次夺冠的决心，她们意识到自己已经处于一个运动的疲劳期，需要进行相应的调节与放松。

在训练过程中她们相互鼓励，相互促进，在比赛时，她们努力控制住自己的情绪，全神贯注地进入比赛状态，即使有一方在比赛中出现状态不佳，也不会因此冷落对方。几场比赛下来，两人同甘共苦，不论遇到什么困难都一起面对，这种心理干预方式让她们在几个月后一起走出心理上的阴霾，重新站在了荣誉的最高峰。

案例 6-4

菲尔普斯大赛后抑郁启示①

迈克尔·菲尔普斯可以说是迄今为止最伟大的游泳运动员，2008 年揽下 8 枚金牌，成为单届奥运会夺取金牌数量最多的运动员，直至 2016 年里约奥运会，菲尔普斯收获了自己的第 23 枚奥运金牌，是奥运会史上获得奖牌和金牌数量最多的运动员。就是这样一位成功的运动员，赛场下却饱受抑郁症的困扰。

从 2004 年开始，每一届奥运会结束后，他都会深深地陷入低迷的状态中，2008 年北京奥运会之后，他被媒体曝出吸食大麻，还两次因酒驾被逮捕，精神方面的困扰让他很难控制自己的行为。“在奥林匹克之后，我至少经历过三四次主要抑郁症，让我的生命陷入了危险。”菲尔普斯透露，伦敦奥运会过后的环球旅行时，若不是安眠药没带够，他很可能就服药自杀了。

可能很多人难以理解，在这么多荣誉光环的包围下，菲尔普斯还有什么事可以让他困扰到抑郁的地步，甚至想要自杀？菲尔普斯称这不难理解，运动员的荣誉代表着国家的荣誉，为国家争得了荣誉，之后的比赛所有人的焦点都会放在他的身上，如果运动员输了，就代表这个国家输了，辜负了国家和观众的期望，运动员就会遭到舆论的指责。同时，在你取得好的成绩后，有的人还会提出疑问：“好的，那下一位冠军是谁呢？”这样的待遇落差属实让人伤心。于是，在平常的训练中，菲尔普斯严格要求自己，无形之中给了自己太大的压力，最后引发了抑郁症。

之后菲尔普斯也意识到问题的严重性，于是寻求心理医生的帮助，积极配合

---

① 陈老师剪辑．菲尔普斯备受抑郁症折磨，得知生病原因，网友表示难以接受［EB/OL］．（2018-11-26）［2020-09-09］．https://haijiahao.baidu.com/s？id=1618173481245301116&wfr=spider&for=pc.

治疗，调整心态。现在的菲尔普斯已经退役两年，逐步摆脱了抑郁症的困扰，生活步入了正轨，同时他还加盟了一家专门解决心理健康障碍的医疗科技公司，帮助与他一样饱受抑郁症困扰的运动员，呼吁人们提高对抑郁症危害的认识，积极行动起来防治抑郁症。

“最开始我选择自己来处理心理问题，很明显，我一直在挣扎，这让我觉得自己不是一名伟大的运动员。但是我能够重新振作起来，学习更多关于心理的知识。我现在可以敞开心扉，可以谈论这个问题，这是我以前从未感受过的。”菲尔普斯说道。

【案例分析】

再优秀的运动员也是一名普通人，也有内心最脆弱的一面，我们不能总是看到他们光鲜亮丽的一面，而是要多关注这些运动员荣誉背后默默付出的努力以及心理状态，允许他们有内心脆弱的一面。菲尔普斯因为一时的心理压力造成了他的抑郁倾向，还好及时寻求了心理医生才得以缓解。当然，还有许多运动员和菲尔普斯一样饱受抑郁症的困扰，但是很少有人提出帮运动员解决这方面的心理问题，使其回归正常生活。这就需要教练员、心理医生以及身边最亲近的人协同合作才能解决，解决运动员的心理问题刻不容缓。

案例 6-5

国家乒乓球队赛前心理训练的启示

自从雅典奥运会丢掉乒乓球男单金牌后，蔡振华表示输不在技术，而是心理和意志品质上。于是在奥运会之后，国家队设计和实施了新的训练方法和手段，特意加强对运动员的心理训练。2005 年上海世乒赛，中国乒乓球队收获了全部的 5 枚金牌，蔡振华再次表示：“为什么我们在巴黎世乒赛和雅典奥运会上拿不到男单金牌，而这次上海世乒赛上拿到了？就是心理问题解决得好！”那么中国队的心理训练具体是怎么做的呢？

世乒赛前，全队进行了整整三天的心理会诊，总共分为三个阶段进行。首先，每名运动员说出自己赛前的真正想法，如比赛开局失利了怎么办，对手技战术比之前了解的有所变化怎么办，拿到局点赛点怎么想等问题，详细了解运动员赛前不好的想法；其次教练员根据自己的比赛经验来分析他们的问题并解决问题；最后请来专业的心理专家进行专业的心理指导，以便更加充分地解决运动员的问题，树立他们能够拿下比赛的决心。

同时，教练员还在平时的训练中故意“增加麻烦”，考验他们在比赛中遇到困难时随机应变的能力。例如，在马琳的训练中让他接受不公平规则进行比赛，若输了比赛还要罚跑一万米，跑完后不允许进行休息和恢复，继续进行比赛。虽然马琳一场比赛也没有赢，但是他全身心地投入比赛当中，让他在比赛的投入程度上取得了较大进步。

【案例分析】

对运动员的心理干预已经成为很多项目训练的重中之重，一名优秀的运动员不仅需要较强的竞技能力，更需要过硬的心理素质才能在赛场上将已有的竞技能力更好地发挥出来，这时教练员和心理医生就要积极地发挥好引导作用。国家乒乓球队从多个方面了解队员在心理上所呈现出来的问题，并予以全面的分析和解决，做到对症下药，根除病因。这种训练要和其他的训练一样，遵循长时间、系统性原则，通过各方面的辅助，逐渐渗透到运动员的训练、比赛、生活的每一个细节当中去，才能有效地解决运动员的心理问题。

案例 6-6

王义夫雅典奥运会参赛预案

2004 年雅典奥运会男子 10 米气手枪决赛，我国射击名将王义夫一举夺得金牌，这是他的奥运会参赛史上在这个项目上获得的第 2 枚金牌，在赛前他制订了比赛方案来应对比赛中可能会出现的问题以及解决方案（表 6-2）[①]。

① 刘淑慧．刘淑慧文集——射击比赛心理研究与应用［M］．北京：北京体育大学出版社，2006.

表 6-2　王义夫雅典奥运会可能遇到的问题与对策

维度	问题	积极思维与行为对策
比赛指导思想	强烈获胜欲望	欲望需要通过努力实现，要的是饱满的精神、坚定的信念、正确的指导思想
	想为自己的运动生涯画上圆满的句号，对比赛胜败结果的思考难以释怀	20 余年比赛告诉我：以平常心对待不平常事的深刻道理
	媒体舆论	专心于比赛准备，控制好比赛中的行为，回避媒体
	比赛氛围与压力	全身心地享受比赛带给自己的无限乐趣，感受比赛过程中的种种刺激，有压力才有动力
	环境与气候	无数的比赛经验告诉我：只要思想准备充分，有适当的方法与措施，一定能应付环境的挑战
赛前准备	有时有思想随意、动作准备不足的现象	从思想上认识到各国运动员的水平提高很快，不能有老大自居心理，动作上注意整体力量，把握力量的一致性
	有时精力不够集中，容易出现注意力分散现象	可采取分段式训练，打 20～40 发停一停，将精力收一收再重新组合，继续下面的射击，也可临时要求调整射击
	个别击发的处理存在侥幸心理	提醒自己：以单发为单位，把握好每一发
资格赛	试射表尺修正	注意观察风向，调整好动作的自然指向，多打几发密度，根据密度及动作状况修正表尺，最后几发以记分射击要求打
	换记分后击发困难	精力集中到动作中去，打出 10 环的瞄区和动作感受，不勉强击发，不急于击发，沉住气不着急
	连续出 9 环或出远弹	主动停下来重新调整，静心稳神
	最后几发	处理要果断、不怕麻烦，不随意延长瞄准时间，坚持动作标准
决赛	情绪更紧张	不要把自己吓住，都是一样的人，一样的心情。动作按正常程序走，击发坚决果断
	击发动作要求高	不勉强发射，可以二次瞄准，心静力稳，用第一稳定期完成击发，不追求小数点，在瞄区内协调击发就行

续表

维度	问题	积极思维与行为对策
可能遇到的问题	气候、光线（地中海气候、风大、酷热、光线强）	每个参赛选手的条件一致，既是公平的，就要主动接受，主动处理
	开头不顺的被动局面	足够的思想准备，足够的耐心。保持清醒的思路、冷静的头脑，拿得起、放得下，一切从头来
	出现预报不出的弹着及远弹	从心态下手，思想干净，情绪平静，坚持自己的打法，可以一停二看三预习，也可以离开射击位置与教练沟通，着实调整好心情及动作后再继续射击
	年龄因素	在国际比赛中大龄选手为数不少，我自认为仍然处于运动成绩的高峰期。但不盲目自信也不保守，真正做到从零开始，不与别人比，只跟自己比，挑战自我、战胜自我

案例总结

运动员长期处于焦虑和高压状态很容易引发一系列的心理障碍，出现心理问题的原因一般是由于运动员在训练或参赛过程中遇到失败而诱发内心的挫折感，再加上个性心理的不成熟和比赛经验的不足，使得他们难以应对面前所出现的困难。羽毛球双打组合陈清晨和贾一凡长达 9 个月的比赛低谷期和前期一路的顺风顺水相比，让她们实在无法接受落败这个现实，焦虑、抑郁随之而来。除了寻求心理医生以外，她们经常用哭的方式发泄情绪，用积极的语言互相激励，之后的每次比赛前，为了缓解内心的不安，她们用自我暗示来建立自信心，强化正确的比赛思想，终于战胜了自我，重回赛场巅峰。

心理干预训练可以有效地解决运动员在日常训练和参赛过程中出现的心理问题，一般情况下会采用模拟训练、表象训练、放松训练等方式来进行心理调节。中国跳水队在备战北京奥运会时为了确保运动员能够正常发挥，特意对运动员进行了心理管理和监控，并且阶段性地进行了相关的心理干预训练，提高运动员的心理技能水平。国家乒乓球队在备战 2015 年上海世乒赛时，对球员们做足了心理会诊，详细分析球员们在比赛中会出现的心理问题并提出解决方案，心理医生的专业心理辅导给他们树立比赛胜利的信心，不公平比赛训练方式让运动员的内心更能顶得住赛场上可能面临的压力挑战。还有王义夫在雅典奥运会赛前的一套完整参赛预案，让他即使在赛场上遇到困难，内心也有所准备，不会感到惧怕。

而菲尔普斯的抑郁症让很多人都想不通，因为大部分运动员的抑郁都是在比赛失败后才会体现出来，为什么获得了众多荣誉的菲尔普斯还会得抑郁症？原来多次获得比赛胜利后的菲尔普斯日益成为人们关注的焦点，大家都想看到他每一次夺冠的时刻，随之而来的压力也就越来越大，同时日常的大负荷量和高强度的训练让他疲惫不已，这种外界给予的高压和过度训练让菲尔普斯出现了心理耗竭，渐渐产生消极情绪，这种精神上的困扰让他失去了理智，负面新闻不断，但令人欣慰的是他最终战胜了抑郁症，并且还成立公司帮助别人走出抑郁。

心理疾病都是日积月累产生的，因此运动员的心理干预训练在日常训练当中是非常重要的，教练员要多加关注运动员的心理健康，以免造成不良的影响。

CHAPTER 7 第七章

参赛总结与评价理论解析及案例分析

竞技参赛总结是指竞赛结束后，参赛团队的教练员、运动员及相关人员通过对参赛过程各个环节的回顾，把零散的感性认识整理成系统的理性认识的工作过程。为了更有针对性地做好参赛总结工作，根据不同的情况和需要，对参赛总结也有不同的要求①。

案例 7–1

国家皮划艇队参加第 14 届釜山亚运会总结会议工作清单

国家皮划艇队参加第 14 届釜山亚运会总结会议工作清单②

序号	时间	工作内容	负责人
1	10 月 3 日 13：00	办理亚运会注册并进驻亚运会村	副领队
2	21：30	运动员休息，工作人员开会，研究训练比赛情况	领队
3	10 月 4 日 18：00~21：30	晚餐后运动员、教练员交流训练情况，放松	各个组
4	21：30~23：00	工作人员碰头会，整理信息，分析训练情况，制订 6~7 日测验方案	领队
5	10 月 5 日 20：00~21：30	各组开会，运动员恢复放松，休息	全队

① 田麦久，熊焰．竞技参赛学［M］．北京：人民体育出版社，2011.

② 国家体育总局科教司．现代教练员科学训练理论与实践［M］．北京：人民体育出版社，2015.

续表

序号	时间	工作内容	负责人
6	21：30~23：00	全队干部开会，总结训练情况，汇总一天信息，研究6~7日测试的编排安排等	领队
7	10月6日20：00~21：30	各组开会，运动员恢复放松，休息	全队
8	21：30~23：00	全队干部开会，总结训练、考核经验，研究测试	领队
9	晚	团部汇报	领队
10	10月7日21：00~23：00	工作人员例会，分析运动员训练情况，研究各国参赛选手情况，最终选出最佳阵容报代表团	领队
11	10月8日14：00~18：00	参加第一次组委会	刘爱杰
12	18：00~20：00	提出并提交组委会全队参加亚运会最后运动员名单	全队
13	20：00~21：30	中心领导召开领队、教练员和工作人员座谈会，制订科学的程序化参赛方案，细化参赛工作流程	领队
14	10月8—12日	各组按照参赛流程，制定各个组具体操作性清单并予以落实，一步一步完成战略目标和任务	领队
15	10月12日12：00~14：00	召开总结会议，贯彻代表团关于亚运会有关会议精神，布置全队的总结工作，安排13日返程细节和总体要求	领队
16	10月13日	返回北京	领队

【案例分析】

竞技参赛过程是一个庞大、细致而又复杂的系统工程。从国家皮划艇队参加第14届釜山亚运会工作安排当中，不难看出该队每天都会进行会议总结，乃至赛后的工作总结。这些都是对竞技参赛的各个环节、各个细节的全面检查和客观认识，以期对未来训练和竞赛工作提出纲领性建议。通过竞技参赛总结，教练员和运动员可以根据竞技能力及其构成因素水平的比较结果，全面客观地认识体能训练内容、技能训练内容、竞技运动负荷等方面的不足与差距，明确今后训练和竞赛中的工作重点和发展方向。唯有如此，才能在前一周期实践的基础上，科学地组织下一周期的训练和竞赛工作①。

案例 7-2

张山巴塞罗那奥运会夺金赛后总结

在1992年巴塞罗那奥运会不计男女性别的双向飞碟比赛中，中国女子选手张山以200发200中的成绩创造新的奥运会纪录，并以223中的成绩获得了冠军。同时，她也创造了有史以来第一个女运动员在奥运会上战胜男子运动员的历史，充分体现了“巾帼不让须眉”。张山在赛后说道：“在来巴塞罗那以前，我做了充足的准备，在训练上不仅积极与教练配合，认真写好准备方案，还对比赛中可能遇到的问题以及如何应对等做了充分准备，并在比赛中得以运用。我觉得这次我所获得的不仅仅是金牌，更是享受整个比赛过程。三天的比赛，日子好长，但我始终以一种平常的心情对待，使自己全身心地投入比赛，在比赛中真正达到了一种忘我的境界。虽然经历了上场、结束、休息、再上场、再结束、再休息，但三天共8组比赛对我来讲就好像只进行了一次，从根本上做好了一切从零开始的准备。虽然过程中也有过一些杂念，但坚持好自己的程序，将自己所有的一切投入比赛的指导思想贯穿始终，直到最后赢得比赛。整个过程我都对自己说，张山，你现在仅仅是一台机器，一切按部就班。当150靶打完以后，我对自己说，我就是冲着200靶来的，有了对200靶中的渴望，但在对自己的要求上还是平常心，还是一切按部就班、一切重新开始。”

【案例分析】

张山夺冠最重要的一个因素，就是对成功和失败的辩证关系的理解。张山在以往的比赛中总结出了一点，那就是不怕失败比渴望成功更加重要。对于一名射手，最强的敌人不是别人，而是自己。在比赛的过程中，张山没有去考虑结果得失，没有考虑成功和失败后会带来什么，想的是现在该做什么，特别是到最后关键的时刻，最后的一靶，张山还是和前面射击的所有碟靶一样，虽然成败就在眼前，但还是保持平常心，做该做的事。勇于追求成功，使张山赢得了历史性的

① 田麦久，熊焰．竞技参赛学［M］．北京：人民体育出版社，2011.

200中；不怕失败，使女子史无前例地获得本项冠军。这次比赛张山没有任何心理压力，可以使自己全身心投入比赛，尽可能地表现自己。从比赛一开始，由于张山是女运动员，就受到了观众的关注。在这次比赛中，张山不仅获得了优异成绩，也赢得了所有选手、裁判和观众的心。因为张山不仅是在成绩上征服了大家，更在礼节和整个赛场作风上征服了大家。

参赛者在每次比赛之后，结合生动的参赛实践和亲身的参赛体验，及时总结如何更好地调节竞技状态的变化进程，如何更好地做好参赛准备以及如何更好地进行竞技，可以有效地提高自身的参赛能力，为以后的训练和比赛中有更为出色的竞技表现打下良好的基础。

案例7-3

郭化若试评袁伟民《我的执教之道》

袁伟民同志的《我的执教之道》是对新中国女排荣获五连冠的经验系统总结的一部好作品。它的作用和意义远远超出了排球的范围。

一提到中国女排，人们都自然而然的把这个光荣的战斗集体和这个集体的荣誉，同袁伟民同志紧密联系在一起，并由衷敬佩他执教期间所表现的才华。

我在年迈重病住院中，读了《我的执教之道》，获益不浅，爱不释手。特将我对此书粗浅的认识作个初步的介绍与评论，以供读者参考。

（一）这本书确实从更深的层次上揭示了中国女排五连冠成功所走过的路程，使读者了解到比赛现场和电视屏幕中所看不到的东西。它确实有血有肉，有情有理，熔思想、实践于一炉，寓哲理、通俗于一体，无哗众取宠之心，有实事求是之意。它处处用真人真事生动活泼地揭示了作者在思想、训练、指挥各方面的艺术。只要循篇逐目将书读完，便能认识到中国女排之崛起并称雄世界女子排坛，成事有因，事属必然，应情顺理。

（二）这本书从"追求需要入迷"这一卓越新颖的命题出发，是难能可贵的。"入迷"指全心全意，时时刻刻把"球"放在心中。"追求入迷"自然不能不付出十分的艰苦与代价。然而有所失就必有所得。五连冠的荣誉在排球运动史上是少有的，而在夺取世界冠军中所培养的牺牲精神，则更为宝贵。中国女排每次赛前准备，做到有备无患，打有准备之仗，考虑十分周到。这才有一次次夺取世界冠军的胜利，为社会主义祖国争了光，争了气。“入迷”贯穿书之始终，它启示人们应该如何对待革命事业和工作。

（三）中国女排的思想工作做得好，做法也是好的。这在书中是看得很清楚的。作者把思想工作看作是五次夺取世界冠军的保证，把思想工作渗透在业务中，在训练和比赛中既重视解决技术问题，也重视解决思想问题，一丝不苟，培养出“人人为集体”的好思想。在实际的批评中，坚持“耐心疏导”，并且因人而异，因“质”施教，创造“平等相处的气氛”。这是保证女排团结、拼搏，勇夺五连冠的重要因素。

（四）“博采欧、亚众家之长，创建一支中国式的，既有高度又有灵活性的，能攻能守、能高能快的全面型的球队。”这是作者的建队思想。为达此目的，就不能不严格要求，严格训练。作者“从难从严”训练队伍的艺术确有独到之处。他指出，苦练对技术、战术、思想、意志、体力都有收获；必须“付出人家没有付出的代价”，自寻压力，自找苦吃；自觉认识失败自身的科学价值，不能怕比分落后，训练要从落后的比局、落后的比分打起。在重视培养尖子、发挥尖子作用的同时，着眼于整体战斗力的提高及队伍年龄、技术结构的合理，强调战术、技术的针对性、实战性，着眼于发展，面向未来等。

（五）“斗智从预测开始，较量在洞察中进行，胜负在决策中见分晓。”这是作者对指挥艺术的高度概括。预测、洞察、决策，首先是知己知彼，全面地、辩证地认识双方的强弱，周到准备并考虑到比赛中可能出现的意外情况，制订克敌制胜的方案；第二是必须自觉认识和把握排球比赛这一事物的客观规律，精熟运用规律于行动中；第三是必须机敏地把握比赛中强弱转换、胜败转化的契机，适时转换战术，扬长避短，以长击短，制敌而不受制于敌；第四是巧妙地进行心理战。这些都表明，胜利不仅靠队员场上的拼搏，而且取决于指导者的智慧。作者不愧是最佳教练员。

开卷有益。《我的执教之道》传道于读者，将是多方面的。愿大家开卷受益，特别从书中获得钻研入迷的精神，脚踏实地落实到本职工作之中，为建设有中国特色的社会主义拼搏、献力①。

① 郭化若. 试评袁伟民《我的执教之道》[J]. 中国图书评论，1988（3）：15-17.

【案例分析】

现代竞技运动训练和竞赛的主体就是运动员和教练员。教练员通过参赛总结，不断地对自己和他人，对己队和他队的训练和比赛进行分析、评估并做出结论。袁伟民将中国女排荣获五连冠的经验，针对以往训练过程中的教练工作以及教学工作做出了认真的总结，这为竞技体育的发展做出了卓越的贡献。

案例 7-4

刘爱杰总结国家皮划艇项目长期落后的深层原因

我国皮划艇项目在很长一段时间里成绩都不突出。国家皮划艇队领队刘爱杰带领他的团队首先分析了该项目长期落后的深层次原因并作出了总结：缺乏执行力，永远有可以找到的借口；缺乏科学精神，没有勇气解剖自己；缺乏科学方法，没有能力解剖自己；缺乏资源整合，影响整体功能最大化；思维定式束缚，没有构建科学训练思想体系。分析原因之后，他们提出了对应的革新举措：提出超常规思维，跨越式发展指导思想；思想上否定自己，否定传统，不断创新；组建学习型、进取型、创新型教练团队；实践中科学发展，统筹训练，“三从一大”；训练上从多人艇高桨频、短距离、大强度到有氧能力、个体能力和每一桨能力。以上这些革新举措的实施，使得中国皮划艇运动成绩有了突飞猛进的提高。在 2004 年雅典奥运会上，皮划艇项目在男子双人划艇 500 米决赛中取得金牌，使得中国体育在奥运会水上项目中实现了金牌“零”的突破。

【案例分析】

作为教练员，面对复杂多变的训练和比赛情况，需要做出的决策，往往是没有特定套路的非程序性决策。要做出这样的决策，必须突破思维障碍，克服思维方式上的封闭性和趋同性，打开思维空间，呈现立体思维。正如埃及前总统萨达特说的：“不能改变思维的人，永远也没有能力改变现实，也就永远不会有什么进步。”刘爱杰带领他的团队在现有理论的基础上，改革创新，结合赛中出现的实际问题，从实际出发，开拓创新训练理论，为中国竞技参赛注入了新的理论思想。不仅如此，通过不断总结赛事案例，有利于完善我国竞技运动的参赛理论与方法体系。

案例 7-5

国家体育总局领导总结青少年奥林匹克运动会——党中央的亲切关怀是参赛的最大动力

第2届夏季青年奥林匹克运动会于2014年8月27日结束了最后一个比赛项目。2014年8月28日上午，中国体育代表团在青奥村举行了总结大会。

一、全面实现参赛目标与任务

体育总局领导在讲话中提到，党中央、国务院的高度重视和亲切关怀是中国体育代表团最大的精神鼓励和参赛动力。2014年8月15日，习近平总书记到青奥村训练馆亲切看望了中国体育代表团并发表了重要讲话。2014年8月20日，刘延东副总理就认真学习贯彻习近平总书记的重要讲话精神，为实现代表团运动成绩和精神文明双丰收做出了重要批示。

代表团认真学习习近平总书记重要讲话、全面贯彻刘延东副总理的重要批示，在13天的比赛和交流过程中，全面动员，精心组织，全力以赴，圆满地完成了各项参赛和交流任务，实现了代表团运动成绩与精神文明双丰收。向世界展示了开放包容、文明友好、奋发向上的中华民族精神，为祖国赢得了荣誉。代表团123名运动员参加了28个大项、30个分项、91个小项的比赛，并参加了12个大项、15个小项的混合编组或混合团体的比赛，获得37枚金牌、13枚银牌、13枚铜牌，奖牌总数63枚，创造了9项世界青年纪录和1项世界少年纪录，获得的金牌和奖牌总数第一。金牌数和奖牌总数都超过了新加坡青奥会，展现了中国青少年竞技体育的发展水平。

二、文化教育与交流活动

“作为东道主，我们主动担当文化交流的桥梁和使者，通过青奥会文化教育与交流活动主动向各个国家和地区的教练员、运动员学习，广交朋友，开阔视野，丰富与提高了运动员的知识与综合素质。”

在组织好参赛工作的同时，代表团高度重视运动员的文化教育与交流，认真组织好各项活动。各项目领队、教练员能够将运动员参加文化交流活动与参赛工作放在同等重要的地位来对待，积极组织与安排运动员参加各种体育教育与文化交流活动。

青奥会期间，我国代表团运动员积极热情地参加青奥村内、村外丰富多样的主题交流和自主交流活动，参与活动达到1500余人次。运动员通过参加知识性、时代性、多元化的文化教育与交流活动，不仅搭建了国际体育教育与文化交流的桥梁，担当起体育文化教育与交流的使者，而且让更多国家和地区的运动员在南京分享青春故事，扩大了交流范围，让世界更多、更全面地了解中国，了解中国青年人的热情、自信、文明、友善，增进与世界各个国家和地区的青年运动员的友谊。

三、“四大保障 ”与优异成绩

精心组织、周密部署、高效指挥、科学管理是中国体育代表团取得优异成绩的重要保证。代表团按照习近平总书记的重要讲话精神及刘延东副总理的批示要求，精心组织、周密部署、抓好落实，确保了代表团的各项参赛和文化教育交流活动安全、顺畅、高效地进行。

青奥会期间，代表团成员精诚团结，高效运转，精心组织，科学管理，保证了代表团各项参赛和文化教育与交流活动顺利进行。各项目针对运动员年龄小、思想活跃、情绪波动大、国际比赛经验少的特点强化素质教育、层层落实任务、注重参赛细节，确保比赛顺利进行。各项目教练员较好地完成了赛前训练、状态调控和参赛指挥工作，高标准对待青奥会每场比赛，使年轻运动员得到了充分锻炼。

代表团高度重视反兴奋剂工作，青奥会期间，代表团共有42人次接受兴奋剂检查，没有出现一例阳性事件，实现了零兴奋剂的目标。

四、弘扬中华体育精神，提高青少年身体素质

南京青奥会就要落下帷幕，但是青奥会的办赛理念需要进一步传承奥林匹克文化与价值。代表团已经部署，各项目不仅要认真总结青奥会参赛工作，查找问题和不足，全面练兵，锻炼队伍，积累比赛经验，更要从促进后备人才综合素质培养和提高的角度，从增强青少年体质健康的高度来总结青奥会、理解青奥会、

传承青奥理念，扩大青奥会的影响力。习近平总书记指出，一个健全的人既要有丰富的知识和文化内涵，还要有健康的精神和强健的身体，要通过发展体育运动不断提高全民族身体素质与健康。

他表示，青奥会后我们要进一步宣传奥林匹克文化，弘场中华体育精神。他希望参加青奥会的年轻运动员们要不辜负习近平总书记的希望，作为体育未来之星，作为奥林匹克文化的传播者和实践者，不断地发扬奥林匹克文化和精神，传承青奥会的理念，为中国竞技体育的可持续发展做出应有的贡献，努力实现体育大国向体育强国迈进。同时青年运动员要扩大对本项目的宣传，加强示范引导，把在青奥会期间学习到的知识和经验运用到平时的训练和交流当中，让更多的中国青少年运动员感受到体育的精神与价值。带动更多青少年喜欢体育、热爱运动，通过体育锻炼磨砺意志，提高身体素质和健康水平。

【案例分析】

青年奥林匹克运动会（Youth Olympic Games，YOG），简称“青年奥运会”或青奥会，是一项专为青年人举办的国际赛事，也是青年人全球范围内最高水平的综合体育赛事，苏炳添等运动员也曾参加过。

赛后参赛总结是指在规定的地点、空间和时间内所进行的系列比赛的总的参赛总结，多指在奥运会、全运会、联赛性或单项性的集中在一地进行多次系列比赛的总结。竞技参赛过程是一个庞大、细致、复杂的系统工程。竞技参赛总结是对参赛的各个环节和细节进行全面检查和总结，并为未来的训练和参赛工作提出纲领性建议，帮助运动员在今后的竞技参赛过程中规避或者降低比赛风险，科学地制定弹性竞技参赛目标，从而发挥自己的竞技水平，取得满意的比赛成绩。

案例 7-6

××省田径运动管理中心第 11 届全运会参赛工作总结

经过 4 年积分赛制，田径中心有 15 个小项 28 人获得全运会参赛资格。在决赛阶段有 3 个小项 4 人获四个前 8 名（一个第 4、一个第 5、两个第 8），总分 27 分。完成出线人数任务，未完成奖牌及总分目标任务。知耻而后勇，我们决心加倍努力，虚心学习兄弟单位先进经验，从全局着眼，从小事着手，扎实工作，争取在第 12 届全运会周期取得优异成绩，向我省人民递交一份满意答卷。

一、备战情况

（一）经过 4 周左右的赛前训练和状态调整，参加决赛的 28 名运动员在各自基础上达到了参赛水平和较好状态（表 7-1）。

表 7-1　田径重点运动员赛前基本情况一览表

运动员	训练系统性	训练效果	健康情况及伤病
云××	两个月较系统完成训练	技术有较大进步，整体实力提升	健康，无伤病
苏××	4 周较正常完成训练	能力逐步恢复，速度及力量提升	亚健康，无伤病
班××	7 周较系统完成训练	全程节奏改善，专项能力强化	健康，右膝关节劳损伤
姜××	长期因伤无法完成正常训练	保持基本能力及综合素质	健康，左膝关节劳损伤
孟××	两个多月较系统完成训练	速度、专项能力大幅度提高	健康，无伤病
邓××	因伤和比赛训练不太系统	全程节奏和技术改善能力下降	健康，脚跟部劳损伤
备注	全体备战重点运动员均无急性、意外伤病，无法系统训练运动员均启动应急预案处置		

（二）重点冲击项目仍是男子跳远项目。分析表明，近 4 届全运会冠军水平在 8 米左右，今年成绩表明竞争者在同一水平线上（表 7-2）。

表 7-2　2009 年度男子跳远比赛成绩统计表（单位：米）

单位	姓名	赛事						
		上海站	锦标赛	嘉兴站	济南站	总决赛	世锦赛	世界大学生赛
解放军	于××	8.11	7.68			7.77		
福建	宋××	7.83	7.70	7.72				
福建	林××	7.76			7.77			
北京	李××	7.65	8.08	7.91	7.99		8.01	

续表

单位	姓名	赛　事						
		上海站	锦标赛	嘉兴站	济南站	总决赛	世锦赛	世界大学生赛
湖北	王××	7.77	7.98	7.71	7.85	7.59		
湖北	苏××		7.93	7.18				7.97
浙江	赵××	7.46	7.70	8.00	7.86	7.30		
山东	李××	7.38	7.50	7.17	7.69			
天津	周××	7.66		7.64	7.62	7.42		
解放军	张××	7.32				7.72		
湖北	张××	7.55		7.21		7.09		

（三）重点运动员的参赛程序化方案经过2~3次修改后仍显粗糙，但时间紧迫，只能由中心组织教练员进行模拟演练。

（四）中心召开由全体人员参加的第11届全国运动会参赛工作会议，进一步统一思想，明确任务，提升凝聚力、战斗力，并对各相关工作进行部署，重点如下：

（1）重申反兴奋剂的坚决态度和强制性要求，提高自我防范意识，严防疏漏。加强赛风赛纪教育，绝不在这些方面给代表团抹黑。

（2）强调重成绩轻名次的观念，缓解参赛教练员、运动员压力，放下包袱，轻装上阵，全力一搏。

（3）对困难和不利局面要多方面考虑，并且作好相关问题应对预案，把风险降到最低。

（4）外围工作以及后勤保障服务性工作要全面细致，落实到位。

（5）明确伤病治疗步骤和到赛区4名医务诊疗人员安排，确保运动员以良好的身体状态参赛，出现伤病保证有治疗手段和人员安排。

（6）10月18日16：00前，各备战点人员由北京、内蒙古、重庆、武汉入住济南全运村。

二、比赛成绩

本次全运会，我省田径中心整体表现不佳，15个小项28人获得全运会参赛资格，仅4人次入围决赛，1人第4、1人第5、2人第8，总分27分，比赛成绩很不理想。完成出线人数任务，未完成奖牌及总分目标任务。

三、主要经验与教训

主要经验：

1. 成功防范兴奋剂事故及赛风赛纪事件。

2. 重点项目成绩达到预定目标。

3. 在上级领导直接关怀下，排除各种干扰，营造出相对平静的环境，使运动员全力备战，效果明显。

4. 赛前全部消除了运动员伤病，无一人带伤参赛。

5. 在局领导直接指挥下，突发事件处置得当（万××入住全运村发热）。参赛工作组织有序，后勤保障有力。

主要教训：

1. 训练效果不理想，队伍整体实力差。我省运动员凸显出仅有一个赛次的能力，重大比赛第一轮结束，有多人受伤倒地。训练整体实力无法满足比赛要求。

2. 心理定向波动，目标定位不准确。教练员、运动员在巨大压力和利益驱动下心理状态不稳定，指向偏离，不愿意或不敢思考困难处境，在局领导、中心多次批评和纠正后仍无改变，导致运动员在及格赛、决赛中几乎要用诈伤的方法选择放弃，教练员战术上布置粗糙，运动员在实战中错误选择导致犯规等，使多年努力功亏一篑。

3. 教练员临场指挥能力低下。教练员无法利用正确方法调动和调整运动员状态。跳远及格赛、决赛、400 米栏、800 米预赛均因临场指挥不当或战术错误造成重大失误。

4. 对联办、合办运动队管理办法不多，责、权、利难以达到高度统一，多次出现“失控”情况。

5. 对田赛远度项目成绩预估把握不足。近 4 届全运会远度项目成绩平稳，三级跳远邹振先 17.34 米全国纪录保持 28 年，男子跳远冠军在 8 米关口。其中，男子跳远、女子跳远，男子三级跳远、女子三级跳远 4 个项目运动员均参加了世锦赛，成绩平平。

6. 接力项目应是拿分夺牌的主要项目，却因主力队员参加单项比赛或受伤阵容残缺，勉强参赛，受到极大影响。因报名原因只能将希望寄托在单项成绩好的主力选手身上，造成阵容残缺，勉强参赛，结果可想而知。

【案例分析】

参赛全面总结的基本范式应该包括标题、前言、训练准备情况、参赛情况、主要经验与教训、改进措施与对策等部分，并且遵循客观性、适时性、实效性、创新性原则。

案例 7-7

陈忠和指导对李盈莹东京奥运会作用评价①

2019 年北京时间 2 月 9 日，有媒体报道了原中国女排主教练陈忠和在接受采访时，谈到了对李盈莹的评价。在这一评价当中，也是给予了比较积极和正面的肯定，并且谈到了中国女排在东京奥运会上能取得什么样的成绩，李盈莹将成为关键因素。

【案例分析】

相信陈指导之所以对李盈莹给予这样的点评，很大程度上，是朱婷、丁霞、张常宁、龚翔宇、袁心玥等女排的核心球员技术基本趋于定型。现在，她们更大的提升，一个是体现在心态上，一个是体现在抠各种技术细节和综合能力的纠正上面，再一个是体现在彼此的进一步磨合和相互适应，以及打关键球、关键比赛真正豁得出去，能打出脱胎换骨的气势上面。而李盈莹，包括现在国家队开始新挖掘出来的年轻队员，比如杜清清、倪非凡、孙海平等，每一个年轻队员和新进入国家队的队员的竞技表现，都代表着中国女排的未来高度。毕竟，她们的成长和提升还有很大空间，未来有太多不确定性。中国女排未来的兴衰，也就在这种不确定性里得到体现。在这批队员当中，第一个在国家队打出状态并且开始被重用，同时还是主要边攻手的李盈莹来说，她的进步幅度越大，国家队可以用来和

---

① 祥谈体育．陈忠和指导对李盈莹东京奥运会作用评价，我们当如何理智解读［EB/OL］．（2019-02-19）［2020-09-09］．https://www.sohu.com/a/29382472-479203.

我们的主要对手扳手腕的几率就越高。如果说大队员的提升幅度，相对是一小格一小格提升的话，那李盈莹还有和她同一批的小队员们，未来就可能是一大级台阶一大级台阶地往上走。毕竟与年轻和经验缺乏相伴的，是更大的发展潜力。因此，李盈莹也的确需要在国家队需要她的时候，把目标定得更高远一些，但是行动上要更具体和细节化一些，这边行动上做到了，球场那边往往也就在分数上得到了体现。让我们给国家队，包括朱婷、李盈莹、张常宁在内的所有队员，都创造一个更为宽松的舆论环境，相信大的一拨队员一定会更成熟，小一拨的队员也一定能进步幅度更大，我们的中国女排整个集体也一定都会做得更好更出色！

案例 7-8

中国队 4 分钟逆转泰国，对里皮神奇换人的评价①

在 2019 年 1 月 20 日亚洲杯八分之一决赛中，里皮又一次上演神奇换人，国足 2∶1 逆转泰国，艰难进入八强。里皮在第 64 分钟的换人成为决定胜负的关键。面对场上 0∶1 落后的不利局面，他用中锋肖智换下了于大宝，同时用金敬道换下刘洋。3 分钟后，肖智头球后补射为中国队扳平了比分。2 分钟后，郜林创造了一个点球，他自己在第 71 分钟罚进为中国队反超的一球。在本届亚洲杯首场比赛中，里皮也是通过换人，导演了对吉尔吉斯斯坦的逆转。因为 2013 年耻辱性地在主场友谊赛上 1∶5 惨败给泰国，中国队本场比赛面临很大的压力。这场艰难的逆转，也是中国队在 2004 年至今的 15 年内，首次在大赛淘汰赛阶段赢球。中国队基本以全主力阵容出战，而泰国队损失了三员大将。他们的中场桑拉瓦特伤重无法参赛，而两位后卫普隆拉克、通松则是累积黄牌停赛。但这支缺兵少将的泰国队，在上半场让中国队显得比较被动。中国队开场仅仅在控球时间上略占优势，但并没有创造什么有威胁的机会。反而是泰国队，在他们中场核心颂克拉辛的调度下，给中国队制造了很大的麻烦。第 31 分钟，在一次角球进攻中，泰国队素巴猜在小禁区中央得球，轻松敲开了中国队大门，使泰国队 1∶0 领先。这已经是泰国队的第 5 个角球，在射门次数上，泰国队也以 5∶2 领先。只剩下华山一条路的中国队在下半场发起了潮水般的攻势。第 60 分钟，冯潇霆助攻传球，于

① 新华网．亚洲杯：里皮再现神奇换人中国队 4 分钟逆转泰国［EB/OL］．（2019-01-21）［2020-09-09］．https://www.xinhuanet.com/2019-01/21/c.1124016946.htm.

大宝门前推射被挡，丧失了一次很好的机会。中国队马上进行了换人。换上肖智和金敬道之后，第 67 分钟，郑智在前场底线附近抢断传球，肖智头球被挡之后跟上补射，终于为中国队扳平了比分。中国队的攻势并没有结束。第 69 分钟，武磊灵巧地一摆，郜林杀进禁区制造了点球。第 71 分钟，郜林自己罚进了这个点球，为中国队反超了比分。本届亚洲杯已经有两个进球的武磊，除了这次助攻之外，本场也获得了多次机会，但这位新科中超最佳射手本场浪费了至少 4 次以上的机会。第 73 分钟，中国队差点杀死了比赛。武磊门前扫射得分，但被判越位在先。最后 10 分钟，孤注一掷的泰国队积极压上，直到补时阶段，他们还有一脚射门考验了门将颜骏凌，但没有改变比分。

【案例分析】

马尔切洛·里皮（意大利语：Marcello Lippi），1948 年 4 月 12 日生于意大利维亚雷焦，意大利足球教练员，曾任中国国家男子足球队主教练。

里皮在球员时代司职清道夫，出道于意大利维亚雷焦红星足球俱乐部青训营。1969 年至 1979 年，里皮在意甲桑普多利亚足球俱乐部效力，期间担任过队长。在此之后，里皮先后效力于皮斯托伊塞、卢凯塞。1982 年，里皮正式宣布退役。此后，里皮在桑普多利亚青年队开始执教生涯，之后任教于彭特德拉、锡耶纳、切塞纳、亚特兰大、那不勒斯等多家俱乐部。1994 年，里皮出任意甲尤文图斯足球俱乐部主教练，在之后的五年中，里皮帮助尤文图斯夺得三次意甲联赛冠军、一次欧洲冠军联赛冠军等多项荣誉。1999 年，里皮转任国际米兰主教练。2001 年，里皮回到尤文图斯任教，之后率领尤文图斯夺得两次意甲联赛冠军。2004 年 6 月，里皮出任意大利国家队主教练。2006 年 6 月，里皮帮助意大利国家队夺得世界杯冠军。2012 年 5 月，里皮就任中超广州恒大足球俱乐部主教练。2013 年，里皮率领广州恒大夺得亚洲冠军联赛冠军。2014 年，里皮在广州恒大实现了个人执教中超联赛的三连冠。2016 年 10 月 22 日，里皮正式出任中国国家男子足球队主教练。

2019 年 1 月 25 日，在 2019 年阿联酋亚洲杯中伊之战赛后新闻发布会上，中国队主教练里皮正式宣布，将结束作为中国国家队主教练的生涯。

在中国对泰国的比赛上，充分展现了里皮的临场指挥能力，而临场指挥是教练员在竞赛中的主要工作之一。临场指挥能力是构成制胜系统整体战斗力的重要因素之一，在一定条件下，临场指挥是否得当直接左右比赛的胜负。

案例 7-9

对武大靖重压之下为中国夺得首金的评价①

武大靖在2018年平昌冬奥会短道速滑男子500米比赛以39秒584打破世界纪录摘金，取得了四大历史性突破，重压之下爆发凸显超级巨星价值。

第一，武大靖打破中国代表团零金尴尬。中国是2022年冬奥会举办国，这次平昌冬奥会是带着上级任务来的。没想到中国队包括短道范可新、周洋，自由式滑雪空中技巧徐梦桃、齐广璞，花样滑冰隋文静/韩聪在内的众多夺金点失灵。而短道速滑女子3000米接力、男子1000米还遭遇不公判罚，眼看就要重演1988年夏奥会兵败汉城一幕，倘若如此，将会是对中国体育的沉痛打击。武大靖逆境霸气夺金鼓舞士气，彰显了一颗“大心脏”，确实是巨星级表现。

第二，武大靖为中国短道速滑男队取得零突破。中国短道速滑是常胜之师，但却始终阴盛阳衰，即便李佳军这样的名将，也没拿过冬奥会金牌。而武大靖卓越的地方就在于，他在两名韩国高手林孝俊、黄大宪的追击下，轻松赢得冬奥会冠军，为中国短道速滑取得零突破。中国男子短道已经跻身世界一流，现在竞争力超过女队，在武大靖率领下还获得男子5000米接力冬奥会银牌。

第三，武大靖两破世界纪录，尽显统治力，堪称冰上博尔特。此番平昌冬奥会武大靖预赛40秒264刷新奥运会纪录，1/4决赛39秒800打破世界纪录，半决赛40秒087多滑两圈强势晋级。决赛面对两名韩国名将林孝俊、黄大宪的轮番冲击，以39秒584再次粉碎世界纪录！要知道，一般盐湖城等高原冰场才容易诞生世界纪录，武大靖在平昌平原屡次轻松破纪录，说明他的统治力超强，就像冰上博尔特！

第四，武大靖缔造全满贯，成中国冬季项目唯一男子选手。武大靖缔造冬奥会冠军、世锦赛冠军、世界杯冠军、亚冬会冠军和世界纪录全满贯，从而成为中国冬季项目唯一的全满贯男子选手。武大靖在中国体育史的地位就像110米栏的刘翔、游泳的孙杨、羽毛球的林丹、乒乓球的张继科。

---

① 浅聊艺术. 首金如愿以偿！如何评价武大靖重压之下为中国夺得首金？［EB/OL］.（2018-02-22）［2020-09-09］. https://baijiahao.baidu.com/s? id=1593114443011962365&wfr=spider&for=pc.

【案例分析】

比赛一开始武大靖第一次有抢跑，退回重赛，现场一片嘘声。但武大靖没受影响，从一开始就占据第一位置并一直保持到比赛结束，牢牢地压制了两位韩国运动员。最终武大靖拿到了金牌，斩获了中国队在本届平昌冬奥会的首金，可喜可贺，也创造了新的世界纪录！赛后，武大靖也第一时间去拥抱主教练李琰。本届冬奥会短道速滑项目上中国受了太多的憋屈，终于一瞬间释放了！今年只有23岁的武大靖在平昌为我们带来了惊喜，赛后接受采访的他也表示四年后会拼尽全力继续在赛场上为中国争光！

案例 7-10

对中国“梦之队”参加2008年北京奥运会获得金牌总数的评价

一、本届奥运会跳水奖牌分布情况

第29届北京奥运会跳水共设4个比赛项目，奖牌24枚，其中金牌8枚。有7个国家瓜分了这些奖牌，中国队夺得了7枚金牌，奖牌覆盖全部单项，继续保持住了自己的霸主地位。其中，中国队奖牌数占总奖牌数的45.83%，金牌占87.5%；第2名澳大利亚队所获奖牌占总奖牌数的8.33%，金牌占12.5%；第3名俄罗斯队所获奖牌占总奖牌数的2.5%。由此可见身处“第二集团”的澳大利亚、俄罗斯、加拿大等队伍，在“瓜分”奖牌的同时，正在暗暗积蓄力量，趁机向中国跳水队发起冲击。我们应认真总结该优势项目成功的经验，优势互补，带动其他潜优势项目共同发展。

二、新人发挥稳定，老将表现出色

本届奥运会中国跳水队的构成比较合理，派出以郭晶晶、王峰、吴敏霞3名参加过上届奥运会的老将领衔，带领何冲、秦凯、陈若琳、王鑫、林跃、火亮、周吕鑫7名没有奥运会经验的小将阵容，中国队的目的很明确，就是通过这次比赛，希望包揽所有的金牌。虽然中国跳水队未能实现8金之梦，但是夺得7金的他们依然无愧于世界跳水史上的“梦之队”。

三、对 2012 年伦敦奥运会中国跳水队前景的综合分析

从北京奥运会上可以看出，中国队的一枝独秀并没有让其他国家丧失发展跳水这个项目的信心和决心。相反，近年来俄罗斯、澳大利亚、加拿大、墨西哥、美国等都加大了投入，通过聘请中国教练员、学习中国经验等加大对跳水人才的培养力度，并且取得了明显成效。俄罗斯跳水队依旧强大，仍是中国队的头号竞争对手，北京奥运会上他们共获得了 3 银 2 铜的不俗战绩。而墨西哥、加拿大等收获奖牌的队伍中都有“走出去”的中国教练员的身影。老牌劲旅美国队和英国队在北京奥运会上没有收获奖牌略有遗憾，但两队中都有潜质极佳的年轻选手，假以时日，必然会有所作为。可见 2012 年的伦敦奥运会，俄罗斯、墨西哥、加拿大、美国队等都将成为中国队的主要对手。

【案例分析】

对参赛过程评价的科学诊断，有助于探寻导致失利、挫折的主要原因，消除不良因素的消极影响；也有助于科学认识参赛过程的经验教训，深入了解专项运动的竞技特征，准确把握项目的制胜规律，灵活应用临场竞技的制胜手段①。

案例 7–11

××省体操运动管理中心对参加第 11 届全运会决赛的总体评价

本次体操决赛全过程总体特点可概括为以下四个方面，即规程发生重大改变、执裁纪律特别严格、各省竞争异常激烈、未来格局重新“洗牌”。

一、规程的重大改变

根据国际体操联合会关于体操项目竞赛规程的规定，体操项目的预赛和决赛，将分别采用“6–5–4”和“5–3–3”制进行。这一新规则也将在伦敦奥运会上实施。为尽快适应要求，国家体育总局体操运动管理中心在本届全运会上，开始实行新规则。所谓“6–5–4”制，即报名 6 人，上场 5 人，计算其中 4 人的最

① 田麦久，熊焰．竞技参赛学［M］．北京：人民体育出版社，2011.

好成绩；所谓“5-3-3”制，则是报名5人，上场3人，计算3人的最好成绩。相比较而言，“6-5-4”制侧重队伍的整体实力，“5-3-3”制则体现队伍中3名实力最强队员的临场发挥。新规则的实施，给各个运动队排兵布阵提出了新的要求，也致使越是全能型、稳定型队员越受到重用，可是现实中该类队员较少。

二、执裁要求特别严格

这次体操项目决赛期间的裁判员监控工作也是历年来最严格的一次。裁判员报到后，必须与总局体操中心签订“第11届全运会赛风赛纪责任书”，随即进行严格的业务考试，根据个人成绩高低排名，依次确定男女项目权威性很大的D组（难度分）裁判员。打破了以往D组裁判员总由几名年长的裁判担任这一固定不变的模式。在单项决赛中，E组（完成分）裁判员，由原来的6人增至8人，降低了个人评分对最后得分的影响度，使比赛评判更加客观。各项目上场裁判员，均采取赛前半小时抽签制，防止相关人员“做工作”的时间和空间。同时决赛场次采取回避制，杜绝一些裁判员为本省队员打高分的现象。在一系列的改革中，其力度最大的一条是，无论因水平或感情因素，受制裁者若被取消裁判资格，其裁判员所在的省市，将以连带责任形式，被取消下一周期裁判员的指派资格。

三、比赛竞争异常激烈

本次体操决赛阶段的每一场比赛都充满悬念，绝大多数金牌是在比赛的最后时刻才见分晓。例如男团决赛8个队当中，前4个队的最后比分，竟然是以计算小数点的形式，方才分出最后的胜负。冠亚军之间仅相距0.225分，银、铜牌之间更是仅有0.025分的差距。男子鞍马项目决赛，北京奥运会金牌得主肖××与后起之秀张××之间竞争几近白热化。在总分相同之后，不得不计算E分（完成分），肖××最后才以0.2分的毫厘优势，艰难地夺得金牌。本次比赛中，还多次上演了逆转和最后“翻盘”的好戏。如男子个人全能、女子团体、女子个人全能、女子自由体操等项目，无不让人感到跌宕起伏，惊心动魄。

四、未来格局重新“洗牌”

随着赛前杨威、李小鹏的不参赛，以及全运会结束后一大批成绩卓著的老队员的陆续退役，又一大批新秀的强劲崛起，全国体操项目的历史格局也将发生重大变化。以往的强弱局势，都将重新“洗牌”，随着邹××、冯××的强势崛起，四川队的男子实力，将有足够的资本与老牌劲旅广东队分庭抗礼。同时，在男子单杠、自由体操、个人全能等多个项目上，将会保持相当时间的全国领先地位。在鞍马、吊环等单项方面，北京奥运金牌得主肖××、陈××，也将面临极其严峻的考验，接受新人强劲挑战。女子方面，上海队异军突起，整体实力雄厚，并将在女子团体、自由体操等项目上保持相当的优势。备受关注的女子跳马项目，因程菲的伤病退赛，出现了群雄纷争的局面，该项目今后国内的发展趋势也将成为悬念。

【案例分析】

竞赛规程的改变，会给运动员的成绩带来显著的变化，文中对竞赛规程的客观评价以及冷静分析，使赛前的排兵布阵落到了实处。而裁判员的道德和业务水平也是至关重要的，在关键时刻，尤其是对体操这类评分类项目来说，有意无意的一个错判，都会对金牌的归属产生巨大的影响。竞技参赛评价有利于将有关工作进行周密安排、精心落实。

案例总结

总的来说，竞技参赛总结有助于发展与提高运动员的参赛能力，规避或者降低参赛风险；有助于探寻训练和竞赛工作规律；有助于提高教练的教学工作能力；有助于科学完善训练和参赛理论。

有些时候赛后总结并不是必须要专业的术语和数据分析，只要你冷静下来，认真考虑，就算用平常的语言也有很大的价值。因为它能帮运动员发现问题，对症下药。同时也能帮助运动员发现自己的优点和不足，并给运动员指出继续前进的方向。

CHAPTER 8 第八章

赛后恢复与训练理论解析及案例分析

作为竞技体育的主体活动，比赛是一场一场地组织进行的。许多重大赛事，如奥运会、足球世界杯赛等，每4年举办一次，很多单项如田径、游泳、篮球的世界锦标赛则每年或每两年举办一次，许多竞技选手在一年之中也都要参加多场比赛。作为一名系统参加竞技运动的选手，在其整个的运动生涯，当然也在每一个运动年度，常常也在某一个运动阶段，都在不断地完成着训练与比赛的转换。显然，某一次比赛的完成，只是一个个训练竞赛周期的阶段性终结，他必须迅速转入下一个新的训练竞赛周期。而每一次比赛之后的恢复与训练就是这种转化的有机链接。

比赛后的恢复与训练，是指竞赛结束后运动员和教练员为尽快消除精神疲劳、恢复运动体力、调控竞技状态所采取的方法与活动的总和。赛后恢复与训练是运动训练过程的重要一环，是持续保持竞技状态的重要手段，是准备迎接新的赛事的必要前提。通过科学系统有效的赛后恢复与训练，可以进一步提高竞赛质量和运动成绩①。由此可见，赛后恢复与训练工作的作用十分重要。

案例 8-1

××国家队运动员日常或训练恢复期膳食摄入指南

建议：

1. 运动员应该摄入足够的碳水化合物以满足其训练对能量的需求，以及在

① 田麦久，熊焰．竞技参赛学［M］. 北京：人民体育出版社，2011.

训练课间恢复肌糖原储备达到最佳化的目的。除了提供总的推荐标准外，还应该针对个体，根据总能量的需求、特殊训练的需求以及来自训练表现的反馈进行精细的微调。

2. 运动后的即刻恢复（0~4h）：摄入 1~1.2g/（kg 体重 · h）重复多次。

3. 日常的恢复：中等负荷/低强度训练日，5~7g/（kg 体重 · d）。

4. 日常的恢复：中等至大强度耐力训练日，7~12g/（kg 体重 · d）。

5. 日常的恢复：极限训练计划日（每天 4~6h），10~12g/（kg 体重 · d）。

6. 当训练课之间的间隔不到 8h，运动员应该在第一堂课结束后尽早补 CHO（碳水化合物），使训练课之间的恢复速率达到最佳程度。

7. 在更长的恢复期 24h，运动员应该根据个人情况，有计划地及时食用高碳水化合物含量的食物和点心。

此外，不建议运动员在恢复期过量饮酒，因为这有可能影响运动员在运动后通过膳食营养进行补充的过程。运动员应该远离酒精，特别是赛后这一阶段①。

【案例分析】

赛后恢复是指竞赛结束后，消除运动员在比赛中产生的身心疲劳并恢复竞技能力水平的过程。实践中，由于竞技运动的竞赛项目、竞赛赛制、竞赛性质和竞赛目的并不相同，因此赛后恢复的方法也不尽相同②。

案例 8-2

2014 年男乒世界杯张继科夺冠后行为引争议

张继科，山东省青岛市人，我国优秀乒乓球运动员，乒坛历史上第 7 位大满贯选手。在德国杜赛尔多夫举行的男乒世界杯男单决赛中张继科险胜队友马龙，拿到了新塑料球时代首个男子单打世界冠军。夺冠后，张继科过于激动，踢坏了两块场边的广告牌，随后他也遭到了国际乒联的处罚，4.5 万美元冠军奖金被没收。作为一名高水平的运动员，不光要球打得好，还要不断提升个人的境界和人

① 国家体育总局科教司．现代教练员科学训练理论与实践［M］．北京：人民体育出版社，2015.

② 田麦久，熊焰．竞技参赛学［M］．北京：人民体育出版社，2011.

格魅力，其中就包括庆祝胜利和宣泄感情的方式。然而，张继科在比赛上的不文明现象不仅给自己的心理带来难以磨灭的阴影，还给身边亲人、教练带来诸多负面影响。这说明赛后心理调节非常重要。

【案例分析】

在当今乒坛中，比拼的不仅仅局限于运动员的技战术，更多地要上升到心理层面，显然，心理的较量越来越成为当今体育比赛中不可或缺的一部分，高水平运动员应做到体、技、战、心、智的协同发展。然而赛后心理调节更是心理调节的重要组成部分，赛后健康、积极的心态有利于提升运动员自信心，增加人格魅力、提升个人境界。

案例 8-3

散打运动员的赛后心理恢复

柳海龙，男，汉族，山东人，身高 1.76 米，体重 80 公斤。他 13 岁开始习武，后被选入山东散打队受训，初出茅庐就在全国散打锦标赛中战绩显赫。有不少人认为，柳海龙既然在国内比赛和对外的商业比赛中几乎战无不胜，那他要想夺得本届功夫王世界杯的散打冠军自然不在话下。其实不然，在 2002 年的第 1 届世界杯散打赛 80 公斤级比赛中，柳海龙就几乎失手，他一上来就被对手俄罗斯的阿土尔连摔几跤，输得十分狼狈。幸好柳海龙大赛经验丰富，后两局调整了战术，才逐渐发挥了自己的特长，以摔法屡挫对手，最后以 2∶1 涉险过关。但因缺乏赛后的心理恢复，在澳门武术散打世锦赛 80 公斤级的 1/4 比赛中，他也险些栽在一位名不见经传的俄罗斯选手手里。

【案例分析】

武术散打运动蓬勃发展，涌现出越来越多的优秀散打运动员，接连不断的比赛成为运动员的家常便饭，在每一场不同的比赛结束之后，运动员都会有或多或少的心理情绪波动，即便是运动年限已久的老运动员也一样。在散打运动项目的训练中，教练员普遍认为散打比赛具有自身独具的特点，表现为竞争与对抗的激烈性，比赛过程中技战术的发挥对于运动员能否获胜起着重要作用，更关键的是意志和心理的比拼。在比赛双方技术水平相当的比赛中，良好的心理素质往往是决定比赛胜负的重要砝码。因此，心理训练应当作为散打运动训练的重要组成部分，将心理训练贯穿到散打运动员训练整个过程，以更好地应对瞬息万变的比赛节奏，逐渐培养运动员心理上的自我控制能力。

不仅如此，散打运动员赛后要迅速调整状态，投入紧张的训练当中，而针对运动员不同的赛后心理状态，选择不同的训练方式显得尤为重要。后期训练的初始阶段也是运动员的心理恢复期。教练员在赛后训练过程中没有明确地调整训练计划，对于运动员的心理恢复没有明确的训练思路，往往会导致训练效果停滞不前，还可能会因运动员心理状态不佳而造成身体损伤。为此，明确运动员赛后的心理状态，及时明确地调整训练计划，才能够在赛后的训练过程中提高运动员的技战术水平。

案例 8-4

詹姆斯赛后恢复的方法①

勒布朗·詹姆斯出生于 1984 年，自 2003 年进入联盟到现在已经历过 15 个赛季，我们要知道很多球员都打不到 15 个赛季。一直以来詹姆斯每个赛季都保持超高水平的球技是和他的自律习惯紧密相连的。我们很难听到詹姆斯球场之外的绯闻，作为一名 NBA 超级巨星这真的是非常难得的，毕竟犹如乔丹、科比、皮蓬等很多巨星绯闻满天飞。现年 34 岁的詹姆斯在今夏加盟洛杉矶湖人后并没有表现出任何的状态下滑，这也和詹姆斯良好的身体保养是有直接关系的。詹姆斯本身就是一个擅长保养自己身体的球员，据说他每年花费在身体保养上的金额就有几百万美元，这对很多人来说可是天文数字，所以我们经常看到詹姆斯赛后敷冰袋、双脚泡冰桶就是再正常不过的事情了。在湖人战胜步行者的比赛后，詹姆斯回到更衣室，先是拆除了腰部厚厚的绷带，众所周知，詹姆斯腰部曾经有伤，为了保护腰部，詹姆斯在替补席坐着时，还会坐一个垫子，保证坐姿正确。拆除腰部绷带后，詹姆斯还会冰敷膝盖，以及用盛满冰块的桶或者小箱子泡脚。

① 周玲谈影视．比赛结束后，对于詹姆斯恢复身体的方法，你怎么看？［EB/OL］.（2018-12-22）［2020-09-09］. https://baijiahao. baidu. com/s? id=1620539739031721443&wfr=spider&for=pc.

而这已经是詹姆斯常态化的恢复步骤。看到詹姆斯冰敷的样子，谁能想到这是刚刚在场上飞奔暴扣的那个无所不能的詹姆斯。但是一个不能被忽视的现实是，詹姆斯是一位已经征战 NBA 15 年的老将，年龄也已 34 岁。所以赛后恢复身体对于他来讲是一个必不可少的环节，本赛季和他对位的多是杜兰特、字母哥、保罗·乔治这样正当年的运动怪兽，所以为了保持竞争力，除了缩短上场时间之外，最佳的方式就是做好身体的恢复。

【案例分析】

简单地说，这就是一个超级巨星的自律以及对自己及球队的负责任。在比赛一结束，用冰袋敷膝盖及用冰水泡脚，其基本作用就是降低体内血液循环，降低痛感。像 NBA 这些职业的运动员，他们所承受的训练和比赛强度是非常大的，一般人都难以承受。这样大的强度肯定会对身体造成损伤。因为篮球这项运动的特点，在比赛中运动员要不断地跑、跳、加速，对膝盖、脚踝的冲击特别大。很多运动员的膝盖软骨在职业生涯后期都已经磨掉了，不得不进行修复手术。在被换下场后，对膝盖进行冰敷，一是为了缓解疼痛感，二是为了保护膝盖，降低温度，降低膝盖部位的血液循环速度。

NBA 球员由于长期从事的是高强度的对抗性运动，脚上多多少少都是带伤病的。像科比就有足底筋膜炎，长期打球的人很多也会有此病。科比曾说过，他比赛之后，常常因为足底筋膜炎疼得下不了床。比赛后冰敷，是为减轻足底筋膜炎的症状。而膝盖敷冰袋也是同理，打了这么多年球，膝盖一点伤都没有也是不现实的。

由此可见，在单场比赛后恢复的意义是重大的，应是赛期内系列赛事期间的一项重要内容，也是竞赛阶段的重要环节。恢复手段和恢复内容都应根据各个项目的不同而有鲜明的侧重和针对性，不仅可以及时消除机体疲劳，还能继续保持机体的适度应激①。

---

① 田麦久，熊焰．竞技参赛学［M］．北京：人民体育出版社，2011.

案例 8-5

我国优秀竞走运动员的赛后恢复

以下是我国优秀竞走运动员在 50km 比赛后的血乳酸和尿液指标监测结果（表 8-1）。

表 8-1　某竞走运动员赛后指标监测结果

体重变化（kg）	血乳酸（mmol/L）	尿蛋白	pH	尿比重	尿酮体
-1.9	3.1	++	5.5	>1.030	+/-

分析：由表中测试数据可见，运动员在赛后丢失近 1.9kg 的体重，且尿比重偏高，说明运动员有明显的脱水现象。另外，尿液 pH 偏酸，说明存在体液酸化的情况；尿酮体半个加号，说明脂肪代谢紊乱，糖储备低下。因此，运动员存在的主要问题包括脱水、体液酸化以及糖储备的耗竭。

营养调控建议如下：

（1）补充运动后饮料，饮料中需含电解质和糖分，补液总量以 1~2L 为宜；

（2）重视赛后一餐及赛后次日充足的主食摄入量，补充糖原填充剂等营养品，增加体内糖储备；

（3）增加赛后碱性食物的摄入量，如蔬菜、水果等，改善体内酸化状态①。

【案例分析】

运动员参加完高强度的比赛后，体内各种能量物质必然会严重消耗。因此，赛后恢复的一项重要任务就是补充营养。通常，不同运动项目的能量消耗与恢复的特点并不一样，需要区别对待。但是，主要能源物质必须合理进行膳食补充。合理搭配的营养可以调节器官、组织和细胞的功能，有利于改善代谢功能，促进机体平衡。为了加速赛后体内能量物质、电解质及激素水平的恢复，赛后 2 ~3 天仍要供给含有充足热能、蛋白质、无机盐和维生素的膳食。赛后一段时间膳食的组成仍应具有高碳水化合物和低脂肪的特点。为了加速比赛后肌糖原的恢复，

① 国家体育总局科教司．现代教练员科学训练理论与实践［M］．北京：人民体育出版社，2015.

要尽可能地提前补充碳水化合物的时间。总的来说，赛后膳食应遵循以下原则：控制能量的摄入，始终维持相对稳定的体重；合理选择膳食，坚持“四多三少”，即主食、蔬菜、水果和奶制品或豆制品可多，油脂、肉类、油炸食品要少；可适当补充一定营养补剂，如低聚糖、蛋白粉、蜂王浆等。

案例 8-6

国足的赛后恢复性训练

2019 年 1 月 11 日 21：30，亚洲杯小组赛第 17 场菲律宾对战中国，最终中国队以 3∶0 大胜菲律宾队。1 月 12 日，国足展开了新一轮的赛后恢复性练习。以下是日程安排：

（1）训练前里皮发表讲话，对昨日比赛进行总结（训话时间 5 分钟左右）。

（2）训话结束后训练队伍分成两组，主力进行慢跑拉伸，替补进行小组对抗训练。

（3）继续慢跑恢复。

【案例分析】

对于像亚洲杯这样的竞赛小周期来说，赛后的训练安排是一项十分复杂的工作。训练负荷、训练内容和训练手段的安排，往往需要区别对待，不仅要考虑下一场竞赛对手的竞技水平，还要根据最佳竞技状态的规律进行调整等。

案例 8-7

2012 年伦敦奥运会女子举重队备战训练安排

国家女子举重队优秀运动员在年度训练计划安排方面，按照训练周期年度参赛目标和任务要求，并依据一个年度两个竞赛，将全年的训练按两个完整的大周期组织实施。具体安排如下：

一、第一周期训练安排

本周期起时间持续 5 个月左右，主要分为冬训期、比赛前期和调整期 3 个阶段（表 8–2）。

表 8–2 国家女子举重队 2012 年奥运会备战训练计划和工作安排

阶段	时间	目的任务	内容手段	运动负荷
冬训期	13 周	在全面基础力量训练的基础上突出专项力量素质，使各自力量训练达到高峰，加强薄弱环节的训练，完善技术动作，不断提高心理素质，加强意志品质培养	主要采用与专项成绩关系密切的专项技术和专项素质训练，负荷量和强度增至最高点	运动量：90%～95% 强度：80%～100%
比赛前期	4 周	保证在周期的时间内最大限度地提高竞技能力，力求在比赛时将竞技状态调整到最佳，进一步提高、巩固专项能力和专项素质，注意成功率，树立必胜信念。加强医务监督，减少伤病	训练安排主要以专项技术训练为主，减少半技术辅助项目训练，增加以比赛实战为目标的抓挺合练课次数，做到练赛结合，并适当安排机能能力的恢复以防止机体的过度疲劳	运动量：70%～85% 强度：90%～95%
调整期	3 周	消除生理、心理疲劳，总结全年训练及比赛经验	有氧训练和基础力量素质训练	运动量：40%～60% 强度：40%～50%

二、第二周期训练安排

本周期起时间持续 5 个月左右，主要分为夏训期、比赛前期和调整期 3 个阶段（表 8–3）。

表 8–3 国家女子举重队 2012 年奥运会备战训练计划和工作安排

阶段	时间	目的任务	内容手段	运动负荷
夏训期	13 周	在全面基础力量训练的基础上突出专项力量素质，使各自力量训练达到高峰，加强薄弱环节的训练，完善技术动作，不断提高心理素质，加强意志品质培养	主要采用与专项成绩关系密切的专项技术和专项素质训练，负荷量和强度增至最高点	运动量：90%～95% 强度：80%～100%

续表

阶段	时间	目的任务	内容手段	运动负荷
比赛前期	4 周	保证在周期的时间内最大限度地提高竞技能力，力求在比赛时将竞技状态调整到最佳，进一步提高、巩固专项能力和专项素质，注意成功率，树立必胜信念。加强医务监督，减少伤病	训练安排主要以专项技术训练为主，减少半技术辅助项目训练，增加以比赛实战为目标的抓挺合练课次数，做到练赛结合，并适当安排机能能力的恢复以防止机体的过度疲劳	运动量：70%～85% 强度：90%～95%
调整期	3 周	消除生理、心理疲劳，总结全年训练及比赛经验	有氧训练和基础力量素质训练	运动量：40%～60% 强度：40%～50%

【案例分析】

由表 8-2、表 8-3 可以看出，比赛结束后，都进入了为期 3 周的调整期，主要的目的是消除生理、心理疲劳，总结全年训练及比赛经验。赛后训练安排为有氧训练和基础力量素质训练，运动量为 40% ～60%，强度为 40% ～50%。

速度性与快速力量性项目主要是田径项目的短跑类、短跳类、投掷类和举重项目等。这类项目赛制和赛程有一个共同特点，即赛事集中、赛点固定、间隔很短。从赛制角度上看，这类项目可分两类：一类是无须经过预赛、复赛阶段，直接通过决赛排出名次（如举重项目）；一类是必须经过预赛、复赛阶段，最后通过决赛排出名次（如田径、游泳、速滑等短距离竞速项目）。显然，后者的赛后（主要是指预赛、复赛）训练就有一定意义。一般来说，需要通过预赛和复赛的此类项目的赛后训练安排，通常训练的重点是全身机能的热身活动、主要关节的柔韧训练和关键技术的细节训练。赛后训练负荷强度中等偏大，负荷量度相对较小。训练过程中心理注意力高度集中，思想活动相对稳定。智力训练偏重于反映技术形象和关键环节的身体感受。另外，整个训练单元的时间相对较短，以利于体能恢复。

案例 8-8

马拉松赛后的恢复与训练

一、完赛当天

通过终点的那一刻，虽然解脱，身心也相当疲累，但别马上停下来，缓慢地走个 10 分钟或是降低速度慢跑，让身体循序渐进地降低心跳、代谢废物，接着可以适度伸展，放松紧绷的肌肉。

比赛完的 15~30 分钟，由于身体肝糖、脂肪甚至是蛋白质都处于大量消耗的状态，也早已承受比赛的负荷许久，因此身体对于养分补充极为敏感，吸收营养的效率甚至较平时还高出 50%，此时最适合补充高升糖指数的食物，香蕉、能量棒甚至直接吃白糖都可以；如果能搭配适量蛋白质效果更好。有一个经科学证实的秘方——巧克力牛奶，它拥有完美的蛋白质与碳水化合物比例，最适合赛后及时补充。

如果真的很疲累，可以在适时补给后小睡一会，但要注意身体保暖。一般而言，肌肉在八小时到一天后会开始出现酸痛，有时甚至持续一星期之久，这就是所谓的“延迟性肌肉酸痛”（Delayonset musclesoreness，DOMS）。比赛完当天，可以进行冰敷或泡个冰水浴，以减缓损伤、消除疲劳；睡前则可以洗温水澡并做适度伸展，放松肌肉，有利于睡眠。

二、饮食方面

及时补充后，可在下一顿正餐前，每隔一小时左右吃些碳水化合物，富有维生素与淀粉的水果是很好的选择，赛后的正餐可以多补充优良的蛋白质，以修补损伤的肌肉与组织，鸡蛋、鸡胸肉、鱼肉、瘦牛肉、低脂牛奶、豆类等都是不错的蛋白质来源。

三、赛后一周

赛后的适量运动能提高身体的新陈代谢率，加快身体恢复，但不宜再继续长时间跑步，因为哪怕是低强度的跑步也是同样的肌肉群和关节参与运动，其实是在“加速疲劳”，达不到最好的放松效果。

赛后训练安排可以采用有氧交叉训练，如游泳、自行车及核心稳定性、柔韧性训练，并配合运动后的拉伸和适当的按摩放松。这些交叉训练主要是促进身体恢复、避免运动损伤发生和提高有氧能力，如下图所示。

周一：腰腹核心力量训练+泡沫轴按摩+拉伸放松
周二：交叉训练之游泳、自行车、椭圆机等有氧运动+泡沫轴按摩+拉伸放松
周三：放松跑 45 分钟+拉伸放松
周四：放松跑 30 分钟+体能训练
周五 ：休息
周六日：任意一天慢跑 90 分钟

马拉松赛后一周训练安排示意

运动强度可以降低至训练强度到平时练习的70%甚至更低，适度的运动能促进血液循环，加速代谢，有助于恢复的进行。这里要注意的是，训练强度有很多种评估指标，以跑步而言多采用配速与心率，如果你平时某项训练的心率是170bpm（beats per minute，次/分钟），赛后应调整为 $170\times0.7=119$bpm；若用配速当指标，平时练习的配速是 5 分钟/公里，那应该调整为 $5\times1.3=6$ 分 30 秒/公里。

四、赛后一个月

那么什么时候可以重回日常的正规训练呢？依跑者的基础与跑步资历，三个星期至一个月后，身体状况可以基本恢复，但如果重回训练后身体发出警讯，或心生厌倦，则应将赛后的过渡期再延长一些。重回训练时不要急着马上回到比赛的巅峰水平，应重新进行基础训练，以轻松的慢跑先找回跑感与跑姿，搭配适当的肌力训练，循序渐进，一定可以很快地步入轨道，甚至比以前更加进步。

除了生理之外，心理层面的恢复也是很重要的，有许多人在冲过终点的喜悦心情褪去后，患了“马拉松后忧郁症候群”（Post-Marathon Syndrome，PMS），这就像是度过一个愉快周末，忽然发现星期一到来的感觉一般，很闷，像是泄了气的气球，对一切赛事和训练都感到意兴阑珊，甚至感到失落，想放弃跑步。为了避免这样的情绪产生，安排一趟旅行、与跑步领域以外的朋友相聚谈天，转换一下心境是个很好的方法，再好吃的食物，天天吃也是会腻的。如果是因为成绩不好而感到失落，别忘了时时鼓舞自己别太在意成绩，就跟人生一样，所有人的终点都相同，就看你要如何享受过程的美好。

重回训练时，也别忘了给自己新的期许与动机，要认真练习，创造个人新纪录！更要享受跑步，体会比赛的乐趣！

【案例分析】

各种长时间耐力性项目包括长距离与超长距离的走、跑、游、骑、滑、划等众多竞技项目，通常比赛时间最短持续 7~8 分钟，最长如马拉松跑、50 公里竞走、铁人三项等比赛持续时间长达数小时。在大型赛事如奥运会、全国运动会等比赛中，有些长时间耐力性项目如 5000 米跑、1500 米游泳等，也会安排预、决赛，但大多数长时间耐力性项目运动员常常一次参赛即决出名次。在需要参加预、决赛的比赛中，运动员预赛后如距决赛间隔时间不超过一天，则可完全休息或做时间不超过一小时的放松性、恢复性练习；如距决赛间隔两天或更长时间，则需根据运动员自我感觉安排适当的恢复性或诱导性练习，特别要注意掌握好赛后训练的负荷，保持在中小水平为宜。

案例 8-9

射击运动员杜丽的赛后训练安排

杜丽，1982 年 3 月 5 日生于山东省淄博市，中国女子射击队运动员。2004 年 8 月，代表中国队征战雅典奥运会，经过 8 名神枪手 40 分钟激烈的争夺，杜丽以 502 环的成绩笑到了最后，获得女子 10 米步枪金牌，为中国代表队在雅典奥运会夺得首金。经过很长一段时间的心理调节，2016 年，她又再次征战奥运会，真正让她下定决心三次征战奥运的只是一个简单的词——“试试”。“就是想再试一下，看看自己到底能够承受多大的压力，而且不管成与败，我很快就能翻过去，所以就不会想太多。”也正是这样的心态，让杜丽在资格赛中打出了 420. 7 环，领先第 2 名德国选手恩格莱德 0. 4 环，顺利晋级决赛。这个成绩也是 10 米气步枪改革规则后的全新奥运会纪录。在决赛中，杜丽一度濒临淘汰，但其凭借良好的心理素质，三次打出 10. 8 环完成逆转，并淘汰了此前表现出色的美国 19 岁小将斯拉舍，最终以 1 环之差拿到银牌。“来到巴西很多天，的确体能有些问题，所以更多是坚持。”杜丽感叹美国选手打得太好了，“当然我也没想到打成这样，绝杀了三次，真的像是奇迹。”“我这是命硬。”在队内的 10 米气步枪和50米步枪三姿的奥运选拔赛中，杜丽都以1分的优势力压队友拿到了里约的入场券。这云淡风轻的一句背后，很多人都忽略了她过去一年的付出。

【案例分析】

射击项目的偶然性总容易让技术、实力成为陪衬。中国奥运历史首金的许海峰曾经粗略统计，在优势项目上最终夺金的概率只有30%。这个比大多数人说的50%还要低，他曾给新闻记者打了个形象的比方，“就如硬币，你抛两次或许能抛个正面，但抛金牌，你要抛三次。”这无疑对运动员心理的考验是巨大的。对于射击这类表现准确性项目来说，特别要求运动员的心理高度自控，精神高度集中，且思维敏捷、反应迅速、判断准确，所以赛后的心理负荷调节至关重要。一般都采用适当途径放松比赛心情，采用心理暗示较多。

案例总结

在本章节中，我们学习了赛后的恢复与训练，赛后恢复与训练是运动训练过程的重要一环，是持续保持竞技状态的重要手段，是准备迎接新的赛事的必要前提。一般来说，通过系统科学并有效的赛后恢复与训练，可以促进运动员即时恢复和超量恢复，从而进一步提高竞赛质量和运动成绩。因此，我们必须重视对运动员赛后的恢复与训练。

不同的项目，不同的项群，不同的竞赛方式，其赛后恢复与训练的方式都会有明显的不同。以技能主导类同场对抗性项群中的篮球为例，是典型的联赛式竞赛，但是其中又穿插着单场式。这种联赛式赛后恢复工作的目的是将整个参赛人员从系列大赛的紧张气氛中缓解下来，使参赛人员的身心疲劳都能够得到有效消除，更强调全面恢复，以及为下一周期的比赛养精蓄锐。而单场式赛后恢复更强调及时性，有及时消除机体疲劳、调节参赛竞技心理、适度调整竞技状态的意义。

运动员科学训练和成功参赛需要一个综合的科学体系工程作为依托和保障。在这个复杂的系统中，科学的训练安排无疑处在主导地位，而运动营养学、运动保健学、运动医学、运动心理学等学科的支撑也起着不可或缺的作用和意义。

CHAPTER 9 第九章

竞技参赛过程中的医务监督理论解析及案例分析

医务监督是运动医学的重要内容之一，是一门医疗保健和体育运动相结合的综合性应用学科。竞技参赛过程中的医务监督是指采用医学知识对运动比赛者的身体健康和机能进行监督，从而减少参赛过程中可能对身体造成损伤的各种有害因素，指导运动者科学地参赛，使之符合人体生理机能的发展规律，达到最佳竞技状态，创造优异成绩。

竞技参赛过程中医务监督的基本任务是运用相关临床医学的基本知识与技能，以及体育生物科学的相关基础理论，研究运动者的身体发育情况、健康状况以及训练水平，为科学合理地安排运动训练与竞赛提供科学依据，并给予保健监督和指导；研究常见运动性伤病的发生、发展规律以及防治措施，维护和促进运动者身心健康，提高其运动成绩；研究影响运动者身心健康的各种内外界环境因素从而制定出相应的体育卫生措施，以达到维护并促进竞技参赛者身心健康，并提高运动成绩的目的。

比赛前的医务监督可以系统地了解运动员的全身健康状况，发现运动员身体潜在的任何缺陷或隐患，查出运动员体内存在的易患损伤或疾病的因素，为运动员提供相应的、合理的医疗措施。

此外还应了解机体对运动量和运动强度的反应，评定运动量是否适宜，了解运动环境和场地设备是否符合卫生要求，并做好赛前的膳食调配，保证运动员以最佳竞技状态参加比赛。

运动员在比赛期间神经系统处于高度紧张状态，运动系统、心血管系统、呼吸系统以及内分泌系统活动水平都处于较高的水平，能量代谢非常大。有些运动项目对体能的要求特别高，还有些运动项目带有激烈的对抗性和频繁的身体冲撞，容易引起一些运动性病症和运动损伤。所以，掌握比赛的特点，做好赛前、赛中和赛后的医务监督，对于保护运动员的身心健康和比赛的顺利进行具有十分重要的意义。

比赛结束后，任务已经完成，但医务工作并未结束。通过赛后的医务监督工作，可以了解运动员的机体对比赛负荷的反应如何，有无异常变化，赛后对运动性病症应进行及时有效的治疗，以防造成后遗症。安排好赛后膳食营养的摄入，休整期间仍须遵守休息制度。赛后要坚持一定的训练量，预防“停训综合征”。这对安排下阶段的训练和比赛有一定的指导意义。

案例 9-1

体育竞赛的医务监督

1. 赛前组织管理

（1）医务人员应协助做好比赛程序的组织编排工作。举办单位制订比赛计划和日程时，应考虑气候因素和不同年龄段的运动员的生理解剖特点，在炎热的环境中不宜安排长时间激烈的竞赛项目。

（2）竞赛分组要按性别、年龄阶段划分。每位运动员每天比赛项目不能过多。各项比赛之间要有充分的休息时间。

2. 赛中医务监督

（1）应建立赛期临场医疗急救站，对比赛中出现的常见伤病如腹痛、晕厥、肌肉痉挛、挫伤、撕裂伤、擦伤、韧带损伤等要随时注意观察，及时发现和处理。对一些严重伤病，应做现场紧急处理后送医院急救。

（2）在比赛中应做好饮料供应，加强饮食饮水卫生工作，特别是在炎热的气候条件下，饮水及补充盐分是防止中暑和电解质紊乱发生的重要手段。

3. 赛后医务监督

（1）赛后身体检查。根据运动项目的特点，在赛后有针对性和选择性地进行体检，测定某些生理、生化指标，如脉搏、血压、体重、尿蛋白、血红蛋白、心电图、功能试验，询问运动员自我感觉，观察机体的恢复状况。如发现异常，应分析原因并及时处理。

（2）消除赛后疲劳。比赛引起的疲劳常不能在1~2天恢复，因此采用多种方法帮助恢复疲劳是必要的，如保证充足的睡眠、温水浴、局部按摩、热敷和局部负压等方法和手段，对于精神性疲劳和体力疲劳的消除都有良好的作用。此外，在赛后应注意补充营养，以促进能量物质和机体功能恢复，但切忌赛后的暴饮暴食。

体育运动实行医务监督以保证体育运动的科学性和减少运动损伤，有效地增强体质和提高运动成绩，是体育运动中应长期坚持而不应忽视的一项重要原则①。

【案例分析】

体育运动和体育竞赛过程中的运动损伤时常发生，轻者短时间内影响训练和比赛，重者导致不可逆转的伤残进而影响整个运动生涯。因此赛前、赛中、赛后的医务监督十分重要，合理的医务监督可以有效地预防运动损伤的发生，通过科学评定训练量将运动员的运动风险降到最低，以及合理的膳食安排让运动员的营养补充更加均衡健康。同时，当运动员发生运动损伤时，也能够立即做出诊断，予以治疗，所以，医疗团队在整个运动团队中是不可或缺的重要组成部分。

案例 9-2

国家队运动员体检制度

第一条　国家队运动员每年应当进行一次全面体检，重大国际比赛前要进行赛前体检，高强度封闭训练期可根据训练情况安排阶段性体检，初次入选国家队的运动员应进行入队体检，入队体检工作应在入队一个月内完成。

第二条　体检内容包括，一般健康状况、运动损伤和医务监督等方面。根据运动项目特点重点检查运动损伤的情况，体检记录应存入运动员病历档案。

第三条　国家队医务管理处负责安排运动队体检工作，常规体检一般安排在每年第一季度进行。运动队医生应提前7天向医务管理处上报体检计划，并做好发放、收集体检表等组织工作。

第四条　国家队医务管理处负责组织专家组对体检结果进行全面评估，对影

① 徐欣．医务监督与体育运动［J］．北京体育大学学报，2007（S1）：225-226.

响正常训练的伤病要提出治疗方案和康复计划，对需要追踪观察的运动员要做好定期复查工作。

第五条　随队医生要对运动员逐年体检结果进行对照总结，做出伤病及身体机能状况评定意见，及时向教练员汇报。

第六条　国家队要严格执行运动员体检制度，体检中发现重大伤病要及时向有关职能部门和运动项目管理中心报告。

【案例分析】

比赛之前要对运动员进行全面的健康检查。运动员的健康体检其初始目的往往并非治病，而是要通过医学检查，尽可能及时发现不易察觉的疾病或疾病隐患，以便做到有病早治，无病预防。除了需要做一些一般常规医学检查项目以外，还要适当选择一些心理、体质等项目测试，对于不同运动项目的运动员来说，可以根据专项特点对检测项目有所选择和侧重，评定标准也有所不同。

医学常识告诉我们，有时候人的自我感觉并不完全可靠，很多疾病的早期症状和体征并不明显，甚至毫无感觉，如隐形冠心病患者平时可能毫无察觉，但可占到全部冠心病的25%，只有对心血管进行系统检查时才能确诊。所以，需要给运动员建立定期体检制度，并对检查结果做出正确的判断，才能帮助运动员找出身体的隐患，早期发现，及时控制。当然，这一切要运动员积极配合才能得以实施。

案例 9-3

某游泳运动员赛前一周训练强度监控

某国家队游泳运动员赛前一周训练强度的监控结果如表 9-1 所示。水上训练课 7 次，陆上综合及力量训练共 3 次，周日下午休息。在训练过程中训练强度监控指标为单项训练后即刻血乳酸值，测试点共 56 个，测定运动后 6 小时血清肌酸激酶值，次日晨血清肌酸激酶的值。每个训练日均只测一次。

表 9-1　游泳运动员赛前周训练课的负荷强度监控

日期	训练总量	水上专项训练量（m）	即刻 HL 均值（mmol/L）	运动后 6 小时血清 CK（U/L）	次日晨血清 CK（U/L）
周一	陆上综合训练+水上训练 11960	8400	5.07±0.91（n=8）	446	268
周二	水上训练 9260	5300	9.91±1.76（n=12）	520	400
周三	陆上综合训练+水上训练 8360	4200	2.59±0.83（n=6）	360	323
周四	水上训练 10660	6800	11.49±2.55（n=16）	620	404
周五	水上训练 13020	9100	2.68±0.73（n=6）	—	—
周六	陆上综合训练+水上训练 5960	1700	4.80±1.24（n=8）	332	226
周日	休息+水上训练 2300	100	—	—	—

（周超彦，2012）

【案例分析】

结合训练总量和水上专项训练量综合评估训练负荷和训练效果，周二和周四训练课运动后即刻血乳酸值较高，分别是 9.91mmol/L 和 11.49mmol/L，分析两次重点训练课的强度安排及间隔时间较为合理，周三和周五基本以低强度有氧训练为主，有利于运动员的疲劳消除和体能恢复。一周连续 6 天检测运动后 6 小时血清肌酸激酶，其变化范围在 332~620U/L，次日晨血清肌酸激酶的值波动范围在 226~404U/L，与安静时的血清肌酸激酶的值相比，处于较高水平，表明本周训练强度稍高，运动员主观感觉也比较累。因此，建议适当调整训练节奏，增加有氧训练课的比例，促进疲劳消除。

案例 9-4

男子铁人三项运动比赛前三周生理生化指标监控

男子铁人三项运动比赛频繁，两场比赛之间间隔较短，合理分配三个单项中的体力消耗、科学地安排赛前训练尤为重要。2009 年全国铁人三项锦标赛赛前三周男子运动员生理生化指标的监控如下：监控对象为 6 名铁人三项优秀男子运动员，其中国家健将级运动员 5 名，国家一级运动员 1 名。

以有氧训练为主，无氧训练为辅，赛前三周训练安排：第 1 周，游泳、跑步和骑车的训练天数比为 6∶4∶3，以游泳为主，中等强度，跑步和骑车各有一次较高强度训练，且这两次强度训练间隔两天。第 2 周，三项的训练量均减少至前一周的 70%，仍以有氧训练为主，跑步有一次小强度训练。这两周各有两次力量训练，均为保持力量水平的小力量训练。第 3 周，去比赛场地进行适应性训练，为训练调整期。三项均为有氧训练，以游泳和骑车为主，只安排一次跑步，比赛前一天熟悉比赛路线。赛前三周每周一晨起 6：30~7：00，每周强度训练课后 30 分钟内和第二日晨起，共采指血 9 次，测试血红蛋白（HB）和血清睾酮（T），结果如表 9-2 所示①。

表 9-2　赛前三周优秀男子铁人三项运动员 HB、T 值的变化

采血时间（ng/dl）	HB（g/L）	T（ng/dl）
第 1 周周一晨起	154. 79±4. 46	623. 68±69. 16
跑步强度训练后	140. 46±4. 24	400. 62±72. 40
次日晨	149. 41±3. 14	537. 78±47. 60
骑车强度训练后	149. 73±2. 51	464. 49±37. 84
次日晨	151. 14±3. 62	594. 57±34. 42
第 2 周周一晨起	156. 92±3. 74	712. 42±97. 10
跑步强度训练后	149. 52±3. 40	542. 74±76. 41
次日晨	153. 32±4. 10	692. 63±0. 47

① 王乐. 优秀男子铁人三项运动员赛前训练周期中血红蛋白、血尿素、肌酸激酶和睾酮值的变化分析［J］. 辽宁体育科技，2011，33（2）：59-61.

续表

采血时间（ng/dl）	HB（g/L）	T（ng/dl）
第3周周一晨起	157.46±2.16	766.43±58.16

（王乐，2011）

【案例分析】

运动员安静时的HB值处于正常值的上限，说明有氧能力较好。在赛前训练期第1周的跑步强度训练后，HB值下降较大，由周一安静时的154.79±4.46g/L，下降至140.46±4.24g/L。表明训练强度较大，但是在次日晨，HB值升高至149.41±3.14g/L，恢复较好，说明运动员对训练强度较适应。间隔两天后，骑车强度训练，HB值下降不多，与周一晨安静值比较差别不显著，次日晨恢复较好，表明跑步强度训练对HB值的影响比骑车更明显。赛前第2周的跑步训练强度有所降低，前后HB值变化不大，达到调整训练的目的。

赛前3次强度训练，T值下降都很明显，与次日晨比较都有显著差异，表明赛前训练强度对机体刺激较明显，但强度未超过机体承受能力，三次周一晨起采血测试，T值逐渐升高，在赛前一周达到个人较佳状态，说明赛前调整训练负荷较合理。血红蛋白含量和血睾酮值与铁人三项运动密切相关，在赛前训练周期中，应联合应用评价运动员身体机能状态，赛前应调整训练量，加强营养补充。

案例9-5

田径专业男性运动员大、中、小强度训练后生理生化指标监测

监测田径专业男性运动员22人，训练年限2年以上，全部为2级以上运动员，田径训练为期8天，分别于受试前、早晨7：15及中大强度训练后、降低强度训练后收集尿液进行测定。

以上这些指标有的用于监测训练强度及训练量（见表9-3）；有的用于运动员赛前机能调控（见表9-4）；有的用于运动素质和训练效果评定（见表9-5）；有的用于运动性疲劳的诊断（见表9-6）等。应用生理生化指标对运动训练和身

体机能实时监测和调控是实现科学化训练的核心要素和重要内容，也是应用运动生理、运动生化原理指导运动训练实践的具体体现。

表 9–3　训练课负荷强度和负荷量的生理、生化监测和调控

生理、生化指标	评定负荷强度	评定负荷量	实时调控方法
心率（HR）	根据个人最大心率百分数评定		人工调控： 1. 调整练习的次数和组数； 2. 调整练习的强度和时间； 3. 调整练习器械的速度、坡度和阻力。 计算机智能调控： 1. 心脏–跑台模式系统； 2. 心脏–跑速模式系统； 3. 游速–水流模式系统
血乳酸 （Bloodlactic acid）	运动后血乳酸值升高幅度大，表示运动强度大；训练适应后升高幅度减小		
血尿素氮 （Bun）		运动后血尿素值大，表示负荷量大或机能下降；训练适应后增幅减小	
尿蛋白 （Protein Urine）	运动 15 分钟后取尿，尿蛋白排出量越多表示运动强度越大或机能下降	负荷量大，排出量大，适应后排出量减少	
尿胆原 （Urobilinogen）		负荷量大或机能下降，排出量多	
肌酸激酶 （CK）	肌酸激酶值越高，表示运动强度越大；训练适应后升高幅度减小		
负荷时间 （Tw）		与负荷强度结合起来表示负荷量	

表 9–4　运动员赛前身体机能的调控

生化指标名称	正常参考值	最佳身体状态调控标准
血红蛋白 （Hb）	男：13–17g/dl 女：12–16g/dl	赛前 Hb 值处于本人正常范围内的最高水平。 Hb 值过低，即出现贫血，氧和营养物质供给不足，运动能力下降；Hb 值高于正常值，血液的黏滞性增大，造成血流阻力增加和心脏负担加重，引起身体的不适和紊乱

续表

生化指标名称	正常参考值	最佳身体状态调控标准
血尿素氮（Bun）	2.9～7.9mmol/L	晨安静值保持在正常范围的上限 超过正常值上限可能是：1. 血浆、肌肉中氨基酸下降，尤其亮氨酸、谷氨酸胺明显下降；2. 肌肉蛋白分解增多，肾功能下降
肌酸激酶（CK）	男：50～300IU/L 女：30～200IU/L	晨安静时肌酸激酶值：男子降到300IU/L以下，女子降到200IU/L以下
血睾酮（T）	男：10.4～34.7 nmol/L 女：0.52～2.08 nmol/L	血睾酮的值在本人正常范围内的最高水平
皮质醇（C）	8：00am： 165.6～441.6 nmol/L 16：00pm： <260 nmol/L 23：00pm： <140 nmol/L	
血睾酮/皮质醇（T/C）	血睾酮和皮质醇浓度之比，正常值同上	血睾酮的值高，且血睾酮/皮质醇比值保持在正常范围内或者是本人的最高水平上
尿常规（UR）	尿蛋白（Protein Urine）：0.15g/d 尿胆原（Urobilinogen）：0～10安氏单位	晨起安静时各项指标均在正常范围内

表9-5　身体机能恢复的生理、生化调控

生理、生化指标	调控后达到的标准
心率（HR）	基础心率恢复到平时的正常值
血乳酸（Bloodlactic acid）	运动后血乳酸消除快，恢复时间短
血尿素氮（Bun）	运动次日晨或训练周晨达8mmol/L以下
尿蛋白（Protein Urine）	运动后4小时或次日晨尿蛋白消失
尿胆原（Urobilinogen）	运动次日晨起值安静在正常范围内

表 9–6　疲劳和过度疲劳生理、生化指标的评定和调控

<table>
<tr><th>生理、生化指标</th><th>评定方法</th><th>调控手段</th></tr>
<tr><td>心率（HR）</td><td>基础心率明显加快</td><td rowspan="12">减轻训练强度和训练量；
充足睡眠；
积极性休息；
营养补充；
直到疲劳消除，各指标恢复正常</td></tr>
<tr><td>血红蛋白（Hb）</td><td>处于较低水平或下降趋势</td></tr>
<tr><td>红细胞比容（Hct）</td><td>处于较低水平或下降趋势</td></tr>
<tr><td>血尿素氮（Bun）</td><td>晨安静时达 8mmol/L 以上为疲劳，持续几天超过 8mmol/L 或者持续升高为过度疲劳</td></tr>
<tr><td>血乳酸（Bloodlactic acid）</td><td>安静时超过正常范围，运动时最大乳酸值下降</td></tr>
<tr><td>血睾酮/皮质醇（T/C）</td><td>下降达 25%为疲劳，下降达 30%或持续下降为过度疲劳</td></tr>
<tr><td>肌酸激酶（CK）</td><td>晨安静值持续高于 400IU/L 或完成定量负荷时的值明显升高</td></tr>
<tr><td>尿蛋白（Protein Urine）</td><td>晨安静时一般大于 2μmol/L 为过度疲劳</td></tr>
<tr><td>尿胆原（Urobilinogen）</td><td>运动后比原来负荷后的值突增 3~4 倍，晨安静值处于较高水平或持续升高</td></tr>
<tr><td>尿潜血（OB）</td><td>完成定量负荷后，出现阳性或连续几天在安静时为阳性</td></tr>
<tr><td>主观体力感觉等级（RPF）</td><td>18 级以上</td></tr>
</table>

【案例分析】

尿蛋白运动后即刻值共测 130 例次，检出阳性 36 例，次日晨尿蛋白值共测 106 例，检出阳性 18 例。尿胆素原运动后即刻值与次日晨值表明，所有队员均显阳性，同时数据显示，运动后即刻值出现阳性的例数比次日晨值出现阳性的例数多。大强度训练后，尿蛋白明显升高，降低强度训练后，尿蛋白排泄率下降。尿八项半定量测定进行运动强度与运动员机能评定，尿胆素原指标较尿蛋白指标更灵敏。尿蛋白、尿胆原对运动负荷反应灵敏，其变化趋势与运动训练强度的变化趋势相符。

综上所述，在比赛前应使运动员肌肉保持适度疲劳，但中枢神经应达到低疲劳水平。赛前运动员身体机能指标的检测除了血清肌酸激酶、血尿素氮外，还可采用血清睾酮、血清皮质醇、血红蛋白、白细胞和中枢神经疲劳等参数。

案例 9–6

如何科学地减轻体重

某优秀男子柔道运动员（身体成分测试结果如表 9–7 所示）需要在两个月中减重 4.5kg，并且希望能够避免对力量和爆发力产生不利影响，该运动员相关情况如表 9–7 所示。试分析应如何科学地减控体重。

表 9–7　某男子柔道运动员的身体成分测试结果

身高（cm）	体重（kg）	体脂百分数（%）	脂肪量（kg）	瘦体重（kg）	基础代谢率（kcal）
170	65.5	11	7.2	58.3	1440

分析：减重的目标是降低体脂含量，同时尽量避免瘦体重降低，每个月减重目标约为 2.3kg。

措施：①每日能量摄入控制在 1800kcal 左右，约摄入 90g 蛋白质、48g 脂肪、252g 碳水化合物，多吃低热量、高营养密度的食物；用蔬菜、水果取代零食；②每天增加 45~50 分钟有氧训练（65%最大摄氧量强度），每周 2~3 次力量训练；③运动前半小时服用 3~5 粒左旋肉碱；④每天服用 1 粒善存、2 粒电解质活力胶囊。

【案例分析】

运动员减重的过程中要了解体脂百分比的变化，根据体脂百分比的变化情况，掌握减体重的进展状况并及时修正计划，同时制订出营养恢复方案，防止体能下降。

膳食调整是减轻体重和体脂的基本措施。渐进性减体重的饮食调整，首先摄入热量低于需要量，但至少要提供基础代谢需要的能量。减体重措施持续的时间应根据事前的计划目标而定，一般为一个半月左右，也可持续到 3 个月。当体重减轻至适宜体重后，摄入的热量应该与需要的热量保持平衡。运动员在减重过程中应该主要减少膳食中的糖和脂肪，而蛋白质、无机盐和维生素的摄入应该充分。

案例 9-7

跆拳道运动员成功增加体重

我国跆拳道男子+80kg 级优秀运动员刘某在备战 2008 年北京奥运会前，技、战术水平已可与欧洲顶尖选手抗衡，但其体重与对手相差近 20kg，需要增加体重以提高身体的对抗能力。

科学监控：通过访谈了解运动员的运动营养知识水平和营养品使用情况，采用 SenseWear 能量监测仪进行全天能量消耗监测，并测量其 48 小时膳食能量摄入状况，发现如下问题：①测试日能量摄入 3890kcal，能量消耗 4202kcal，每日能量欠缺 318kcal；②深度睡眠时间偏低，占整个睡眠时间的 57.5%；③训练课中能量补充不足，日常膳食三餐供能比例不佳；④运动员对如何选择食物，如何在训练中补水、补糖及三餐的热能分配知识了解不多。

营养措施：①按照每天 2.5g/kg 体重的标准摄入蛋白质，并以一定比例补充碳水化合物。具体如下：力量训练课及课后补充 200mL 水+全能恢复冲剂 1/2 勺+乳清蛋白粉 10g，专项技术训练课补充 500mL 水+全能恢复冲剂 2~2.5 勺+乳清蛋白粉 15g；训练后 30 分钟内补充 5~6 块饼干或 1 个香蕉/苹果；②加强营养知识的宣传教育，合理选择食物和进食时间。

效果：经过 5 周的营养干预，体重从 95.9kg 增至 105.3kg，增加的体重中 90.4%为瘦体重，完全达到教练员的要求，运动员自信心大幅提高，在随后的亚洲锦标赛和北京奥运会上均取得优异成绩。

【案例分析】

举摔柔以及跆拳道项目是按照运动员的体重分级别进行比赛，有的运动员为了能够取得较好的成绩和名次，常采用人工减轻体重的方法来达到自己的目的，但无论是增加体重还是减轻体重，都需要采用合理的方法和手段去调控，否则会损害运动员的身心健康，进而影响运动能力和比赛成绩。刘某在增重的过程中在力量训练和食物的摄入、营养的补充等方面都遵循了科学化的原则，摄入量的多少都十分精确，摄入时间科学合理，整个增重过程循序渐进，最后达到了预期的增重效果，给运动员以信心全力参加比赛。

案例 9-8

厦门国际马拉松赛医疗保障工作准备明细

2005 年厦门国际马拉松赛，共调集了 500 名医务人员参与医疗保障工作。在比赛沿途有 200 名经过心肺脑复苏术培训的医师志愿者提供服务，为比赛服务的青年志愿者也都进行过马拉松比赛现场医疗急救相关的培训。每两公里设一个医疗站（点），共设 4 个医疗站，9 个医疗点。4 个医疗站由全市专科技术力量最强的市中山医院、市第一人民医院、市中医院和解放军一七四医院负责，并且市卫生局还指定该四所医院为定点医院，开辟急救快速通道。急救中心安排 14 部救护车参加现场救护，每部救护车配备 1 名心脏专科医师、1 名急救医师、1 名护士和 1 名驾驶员，并重点加强 5 公里、10 公里赛段的医疗力量，在 1~5 公里赛段每 25 米安排 1 名医师志愿者，充分保障参赛人员和观众的安全。

【案例分析】

在国际比赛期间，许多国家为能及时给参加比赛的运动员提供医疗保障，都设有自己的临时医务所。有的国家在临时医务所内还设有机能诊断室、按摩室、理疗室、包扎室和外科等。医务所的医生们需要密切关注运动员的机能健康状况，在训练比赛和平日生活中不断进行医学观察，并及时对运动员进行按摩放松。医生们还需对不同运动项目所需要的营养搭配进行监督与调整，以便于使运动员的身体机能和运动能力得到及时的恢复。

案例 9-9

优秀女子水上运动员比赛前后血乳酸水平变化研究

选取湖北省水上运动中心优秀女子运动员 14 名，其中国家健将级运动员 7 名、国家一级运动员 7 名，14 名运动员分别于 2000 米划艇比赛当日晨空腹、赛前 15 分钟及赛后 5 分钟、1 小时、24 小时抽取指尖血 60μL，进行血乳酸（表 9-8）、血尿素（表 9-9）、血清肌酸激酶（表 9-10）检测。

表 9-8　比赛前后运动员血乳酸水平的变化（mmol/L）

运动员编码	空腹	赛前 15 分钟	赛后 5 分钟	赛后 1 小时	赛后 24 小时
1	1. 15	2. 84	9. 75	3. 97	1. 17
2	1. 17	2. 62	11. 99	4. 28	2. 00
3	1. 69	2. 90	11. 76	3. 40	1. 70
4	1. 17	3. 12	12. 10	4. 17	1. 50
5	1. 17	3. 20	11. 14	3. 32	1. 46
6	1. 50	3. 24	12. 26	2. 97	2. 00
7	1. 80	2. 78	11. 70	4. 62	1. 42
8	1. 00	2. 40	10. 84	4. 00	1. 70
9	1. 20	2. 60	12. 14	3. 17	1. 67
10	0. 80	2. 40	11. 80	2. 99	2. 00
11	1. 00	2. 62	9. 70	4. 46	1. 72
12	1. 50	3. 12	10. 78	5. 04	1. 00
13	1. 70	3. 24	12. 04	2. 90	1. 62
14	1. 40	3. 40	13. 18	3. 17	1. 70

（阳爱红，2007）

表 9-9　比赛前后运动员血尿素水平的变化（mmol/L）

运动员编码	空腹	赛后 5 分钟	赛后 24 小时
1	4. 77	5. 35	4. 92
2	4. 89	5. 34	5. 04
3	4. 99	6. 78	5. 67
4	7. 20	7. 90	7. 26
5	5. 67	5. 42	2. 90
6	6. 90	5. 73	4. 89
7	4. 56	6. 90	3. 76
8	4. 72	7. 62	4. 17
9	5. 47	4. 35	5. 62

续表

运动员编码	空腹	赛后 5 分钟	赛后 24 小时
10	6.28	7.21	4.77
11	3.76	5.43	4.99
12	6.00	6.12	5.67
13	4.17	6.62	5.00
14	5.62	4.98	4.90

表 9-10　比赛前后运动员血清肌酸激酶活性的变化（mmol/L）

运动员编码	空腹	赛前 15 分钟	赛后 5 分钟	赛后 1 小时	赛后 24 小时
1	—	3.42	6.44	5.29	3.80
2	—	4.36	9.72	5.54	5.66
3	—	2.89	5.88	4.13	3.37
4	—	3.06	5.36	4.81	3.72
5	—	3.40	4.12	4.02	4.03
6	—	4.66	7.48	6.78	4.94
7	—	4.78	9.25	7.38	5.59
8	—	3.88	6.25	5.89	4.21
9	—	2.70	3.13	2.30	3.13
10	—	2.86	4.74	4.56	3.50
11	—	3.50	8.60	7.39	3.85
12	—	3.61	7.45	6.14	4.10
13	—	3.51	5.52	4.32	4.15
14	—	3.50	7.38	5.88	4.27

【案例分析】

比赛前后运动员血乳酸水平的变化见表 9-8，运动员空腹血乳酸水平为（1.22±0.45）mmol/L，赛前 15 分钟为（2.89±0.49）mmol/L。2000 米划艇赛后 5 分钟血乳酸浓度高达（11.51±1.72）mmol/L，与空腹水平比较差异有显著性意义。但是在赛前平静仰卧15分钟后，测得的血乳酸浓度大约是平常的2.5倍。赛后24小时血乳酸浓度显著下降，为（1.76±0.24）mmol/L，与空腹水平基本接近，表明随着训练水平的提高，运动员消除乳酸的能力得到了提高。

比赛前后运动员血尿素水平变化见表9-9，与空腹血尿素水平比较，运动员2000米划艇赛后5分钟血尿素浓度明显升高5.45±0.47 mmol/L，6.13±1.00mmol/L。赛后24小时血尿素浓度下降至5.94±0.85 mmol/L，仍高于空腹水平。赛艇比赛后运动员的血尿素浓度逐步上升，24小时有所下降，但仍高于安静值，赛艇比赛后5分钟已呈现上升趋势，赛艇比赛对肝脏尿素生成过程的净化影响不大，表现为赛后恢复初期血尿素水平变化幅度不大。运动后24小时血尿素仍有升高的趋势，这表明赛艇运动主要影响着机体蛋白质代谢。

比赛前后运动员血清肌酸激酶活性变化见表9-10，与赛前比较，运动员2000米划艇赛后5分钟血清肌酸激酶活性明显升高3.38±1.58 mmol/L，6.13±3.25 mmol/L。运动对肌组织细胞的损伤作用出现时间早。然而，赛后1小时血清肌酸激酶活性开始下降，至赛后24小时与赛前基本相似，表现出恢复速度快的特点。由此推测这可能与赛艇比赛持续时间短、对运动肌细胞影响程度不深有关①。

案例总结

运动训练和竞技比赛中的医务监督能够有效地预防运动损伤的发生，最大限度地发挥运动效能。赛前体检可以尽早发现疾病隐患，做到早发现早治疗，同时对运动员的健康机能状况做出全面的评价并做出医学鉴定，给出参赛意见。国家队在赛前1~3周会对运动员进行生理生化指标监控，根据运动员的机体情况，制定出合理的赛前训练安排，在不降低运动员竞技能力的情况下适当地减小训练量，使运动员达到最佳的竞技状态，更好地适应比赛的要求和条件。赛中医务人员密切关注运动员的健康状况，厦门马拉松赛配备了多名医务人员，使运动员在比赛或训练过程中突发运动损伤或者疾病时，能够第一时间得到治疗，保障运动员的生命安全。赛后的医务监督要做到监督运动员的机体恢复情况，消除运动疲劳以及赛后的营养补充，以便运动员以最佳的竞技状态进入下一轮的比赛和训练当中。

① 阳爱红，史艳莉，马玉敏．优秀女子赛艇运动员比赛前后血乳酸、血尿素及血清肌酸激酶跟踪测试[J]．中国组织工程研究与临床康复，2007，2（39）：7920-7923.

REFERENCE

参考文献

[1] 田麦久．运动训练学［M］．北京：人民体育出版社，2000.

[2] 田麦久，熊焰．竞技参赛学［M］．北京：人民体育出版社，2011.

[3] 杨桦，池建．竞技体育实战制胜案例［M］．北京：北京体育大学出版社，2006.

[4] 国家体育总局科教司．现代教练员科学训练理论与实践［M］．北京：人民体育出版社，2015.

[5] 池建，苗向军．备战2008年奥运会我国奥运优势项目、潜优势项目备战策略［M］．北京：北京体育大学出版社，2006.

[6] 田麦久，武福全，等．运动训练科学化探索［M］．北京：人民体育出版社，1988.

[7] 谢亚龙，王汝英，等．中国优势竞技项目制胜规律［M］．北京：人民体育出版社，1992.

[8] 图多・博姆帕．运动训练理论与方法［M］．马铁，译．北京：人民体育出版社，2000.

[9] 王春鸣．中国翔，世界飞人刘翔夺冠纪实［M］．上海：上海文艺出版社，2004.

[10] 列・巴・马特维耶夫．竞技运动理论［M］．姚颂平，译．上海：华东理工大学出版社，1996.

[11] 姜学洲，周力．对400米栏运动员王向进赛前竞技状态的控制［J］．田径，2003（9）：14-16.

[12] 田麦久．竞技参赛学理论的系统构建——写于《竞技参赛学》出版之际［J］．体育文化导刊，2012（02）：34-41.

[13] 马红宇，田麦久，常建平，等．悉尼奥运会参赛环境及其适应性调节［J］．体育科学，2002（02）：65-69.

[14] 史继祖．马拉松运动员程序化参赛个案分析——以付文国备战东营马拉松为例［J］．当代体育科技，2014，4（33）：235-237.

[15] 杨桦．我国奥运会备战参赛的理论与实践（下）［M］．北京：中国法制出版社，2012.

［16］娄丙午，刘瑞恒．论散打竞赛临场指挥的艺术［J］．体育学刊，2004（6）：66-68.
［17］古维秋．教练员临场指挥应具备的心理素质与能力探析［J］．西南师范大学学报：自然科学版，2000（3）：332-335.
［18］张学工．浅析击剑比赛中自我控制能力的培养［J］．搏击：体育论坛，2013，5（08）：58-60.
［19］刘淑慧．刘淑慧文集——射击比赛心理研究与应用［M］．北京：北京体育大学出版社，2006.
［20］张忠秋，赵国明，刘运洲，等．中国跳水队备战北京奥运会的心理训练与监控［J］．体育科学，2009，29（11）：8-14，22.
［21］尹继林．第19届足球世界杯参赛队技术能力综合评价［J］．体育文化导刊，2011（2）：45-48.
［22］杨锋，杨琛琛，梁樑，等．各国奥运会参赛效率评价与排序研究［J］．中国软科学，2009（3）：166-173.
［23］郭化若．试评袁伟民《我的执教之道》［J］．中国图书评论，1988（3）：15-17.
［24］冯炜权．运动疲劳及过度训练的生化诊断——运动生物化学动态之三［J］．北京体育大学学报，2000，23（4）：498-502.
［25］王乐．优秀男子铁人三项运动员赛前训练周期中血红蛋白、血尿素、肌酸激酶和睾酮值的变化分析［J］．辽宁体育科技，2011，33（2）：59-61.
［26］阳爱红，史艳莉，马玉敏．优秀女子赛艇运动员比赛前后血乳酸、血尿素及血清肌酸激酶跟踪测试［J］．中国组织工程研究与临床康复，2007，2（39）：7920-7923.
［27］徐欣．医务监督与体育运动［J］．北京体育大学学报，2007（S1）：225-226.
［28］Hooper S Lcl，Mackinnon L T，Howard A，et al. Markers for monitoring overtraining and recovery［J］. Med. Sci. Sports Exerc，1995，（1）：106-112.
［29］Singh JP，Larson MG，O'Donnell CJ，et al. Heritability of heart rate variability［J］. Journal of the American College of Cardiology，1998，31（7）：2251-2254.
［30］Bouchard C. Individual differences in the response to regular exercise［J］. Int J Obes，1995，19，Suppl：S5-S8.
［31］Butios S，Tasika N. Changes in heart rate and blood lactate concentration as intensity parameters during simulated Taekwondo competition［J］. J Sports Med Phys Fitness，2007，47（2）：179-185.
［32］C. A. Bridge，B. Drust，M. A. Jones. Physiological responses and perceived exertion during international taekwondo competition［J］. Journal of Sports Sciences，2007，25（3）：253-269.
［33］James DV，Barnes AJ，Lopes P，et al. Heart rate variability：response following a single bout of interval training［J］. Int J Sports Med，2002，23（4）：247-251.

[34] Portier H, Louisy F, Laude D, et al. Intense endurance training on heart rate and blood pressure variability in runners [J]. Med Sci Sports Exerc, 2001, 33 (7): 1120-1125.

[35] Uusitalo AL, Uusitalo AJ, Rusko HK. Heart rate and blood pressure variability during heavy training and overtraining in the female athlete [J]. Int J Sports Med, 2000, 21 (1): 45-53.

[36] Prieur F, Benoit H, Busso T, et al. Effect of endurance training on the VO_2-work rate relationship in normoxia and hypoxia [J]. Med Sci Sports Exerc, 2005, 37 (4): 664-669.

[37] Bentley DJ, McNaughton LR. Comparison of W (peak), VO_2 (peak) and the ventilation threshold from two different incremental exercise tests: relationship to endurance performance [J]. J Sci Med Sport, 2003, 6 (4): 422-435.

[38] Marles A, Legrand R, Blondel N, et al. Effect of high - intensity interval training and detraining on extra VO_2 and on the VO_2 slow component [J]. Eur J Appl Physiol, 2007, 99 (6): 633-640.

[39] Hawkins MN, Raven PB, Snell PG, et al. Maximal oxygen uptake as a parametric measure of cardiorespiratory capacity [J]. Med Sci Sports Exerc, 2007, 39 (1): 103-107.

[40] Vella CA, Robergs RA. Non-linear relationships between central cardiovascular variables and VO_2 during incremental cycling exercise in endurance-trained individuals [J]. J Sports Med Phys Fitness, 2005, 45 (4): 452-459.

[41] J. Maxwell. Differential distribution of attentional resources during novel task performance following errorless and errorful learning: Evidence from probe reaction times [J]. Journal of Sports Sciences, 2007, 25 (3): 352-369.

[43] U. lrich Hartmann, Joachim Mesterz. Charateristics of Training and Over Training [J]. Sport Science Research, 2006, 27 (1): 44-49.

[43] Knoepfli B, Riddell MC, Ganzoni E, et al. Off seasonal and pre-seasonal assessment of circulating energy sources during prolonged running at the anaerobic threshold in competitive triathletes [J]. Br J Sports Med, 2004, 38 (4): 402-407.

[44] Mäestu J, Jürimäe J, Jürimäe T. Hormonal response to maximal rowing before and after heavy increase in training volume in highly trained male rowers [J]. J Sports Med Phys Fitness, 2005, 45 (1): 121-126.